國家社科基金重大項目（10&ZD104）

上海師範大學古籍整理研究所編
項目首席專家、主編　戴建國
主編　朱易安　傅璇琮　周常林

全宋筆記

第十編　十二

国家出版基金项目
NATIONAL PUBLICATION FOUNDATION

大象出版社

顧　　問　王水照　朱瑞熙　徐　規　李裕民

項目首席專家、主編　戴建國

主　　編　朱易安　傅璇琮　周常林

編纂委員會（以姓氏筆畫爲序）

王劉純　朱易安　李亞娜　周常林　俞　鋼　查清華

徐時儀　陳　新　張劍光　傅璇琮　虞雲國　戴建國

目録

◎陶宗儀編

《説郛》選五十九種

劉　宇等　整理

點校説明

《説郛》爲元末明初的陶宗儀編。陶宗儀（一三一六—一四〇三），字九成，號南村，浙江台州黄巖（今屬浙江）人，先世居閩之長溪。父陶煜，字明元，號逍遥山人，又號白雲漫士。陶宗儀一生著書十餘部，著作尚有《南村輟耕録》、《南村詩集》、《國風尊經》、《四書備遺》、《古唐類苑》、《草莽私乘》、《遊志續編》、《古刻叢鈔》、《元代掖庭記》、《金丹密語》、《滄浪棹歌》等。

《説郛》之名取自揚子語「天地萬物郭也，五經衆説郛也」。是書彙集秦漢至宋元諸家作品加以摘録而成。四庫館臣評論云：「雖經竄亂，崖略終存。古書之不傳于今者，斷簡殘編往往而在，佚文瑣事時有徵焉。」内容包羅萬象，爲歷代私家編集大型叢書中較重要的一種。其中收録了衆多宋代筆記，有一部分僅見於此書而不見於其他叢書，或雖見於他書，但大多出自《説郛》，因此有極高的文獻價值。

《説郛》版本複雜，目前通行的版本有兩个系統：商務印書館本和宛委山堂本。

商務印書館本。陶宗儀編成《説郛》後不久病卒，抄本被松江文士數家收藏。七十年後，六十五歲的湖廣副使郁文博罷官歸松江，在龔某家借《説郛》細閲，覺得「是書搜集萬事萬物，備載無遺，有益後人」。卻發覺抄録者馬虎潦草，字多訛缺，於是每日端坐「萬卷樓」，逐一校勘，費時近十年，重新編成一百卷。是爲《説郛》百卷本。此本具體的刊刻年代不詳，大致可能刊刻於明弘治至嘉靖年間。民國年間由商務印書館出版。

宛委山堂本。明末清初雲南姚安人陶珽又對《説郛》加以增補，編成一百二十卷。陶珽自署黄巖，是宗儀的遠孫。陶珽增補的一百二十卷本，即宛委山堂本，又稱重編《説郛》本。據今宛委山堂本《説郛》卷首載王應昌與刻書人李際期兩序稱，此本刻於清順治四年。其與商務印書館本所收書籍有所不同。

此外，尚有《四庫全書》本、汲古閣藏明抄六十卷本等。又有《五朝小説》、《歷代小史》等叢書，所收筆記均取自於《説郛》。因《説郛》與《類説》、《紺珠集》二書同屬「雜纂」之屬，體例類同。三書所引宋人筆記在篇名條目及文字繁簡方面頗有異同。今取不見於他書而獨爲《説郛》所收宋人筆記，或雖見於他書然内容文字不及《説郛》所收詳備者，共五十九種，其中有爲《類説》、《紺珠集》所載者，或有異文，爲盡可能接近筆記原貌，本次整理兼採之。又民國間張宗祥爲商務本作過校勘，今亦取以參考。囿於體例，他書所存零星佚文，此次整理不作輯補。其中《趙后遺事》、《田間書》兩種爲唐玲博士整理。以下爲五十九種筆記點校説明。

《野人閒話》五卷，景焕撰。景焕一名朴，成都人，自稱匡山處士。景焕原姓耿，因耿字古音讀如炅，避宋太宗諱而改作景，故宋人稱引時多作景焕。主要活動於五代後蜀至北宋。素善畫工文章，成都人號爲應天三絶。《十國春秋》卷五六有傳。除《野人閒話》外，尚有《牧豎閒談》。

《宋史·藝文志》著録爲耿煥。據《直齋書録解題》，尚有《續野人閒話》二卷，不知作者。

是書《崇文總目》、《直齋書録解題》、《宋史·藝文志》俱著録。今是書兩《説郛》俱七則，有序。所載爲後蜀時事，其中頗多怪奇。此次整理，以商務印書館本《説郛》卷一七所收爲底本，參校以宛委山堂本《説郛》卷二八所收本。

《牧豎閒談》三卷，景煥撰。景煥生平見《野人閒話》點校説明。

是書《郡齋讀書志》著録三卷，云「纂十九事」，《宋史·藝文志》著録三卷，《蜀中廣記》著録三卷，云「纂十九事爲篇」。今是書兩《説郛》俱三則，有序。《類説》載七則，五則與兩《説郛》不同。是書所載，唐至宋初時事，其中頗多怪奇。此次整理，以商務印書館本《説郛》卷七所收爲底本，校以宛委山堂本《説郛》卷一九所收本，《類説》卷五二所載一併收入，合爲八則。

《江南録》，失撰人。昌彼得以爲此書爲徐鉉、湯悦所撰。然檢諸史籍，龍衮所撰之書亦有稱《江南録》者。故《説郛》所録之《江南録》是否爲徐鉉、湯悦所撰者，尚待考證。而《崇文總目》、《郡齋讀書志》、《直齋書録解題》、《宋史·藝文志》著録有《江南録》十卷。

是書僅收録於商務印書館本《説郛》中，二則。又商務印書館本《説郛》卷七四所收之《江南録》實爲商務印書館本《説郛》卷三所收《江南别録》之文。所記爲江南故事。此次整理，以商務印書館本《説郛》卷三所收爲底本。

《傳載》，宛委山堂本《説郛》作《傳載略》，八卷。僧贊寧撰。贊寧（九一九—一〇〇〇），北宋僧人，佛教史學家。俗姓高，吴興德清（今屬浙江）人。後唐天成年間在杭州祥符寺出家。清泰初年入天台山受具足戒，精研三藏。後往靈隱寺，專習南山律。與人談論，辭辯縱横，有「律虎」之稱。内學之外，兼善儒、老、百家之言，博聞强記，擅長詩文，聲望日增，爲吴越王錢俶所敬，署爲兩浙僧統，賜「明義示文大師」號。太平興國三年（九七八）吴越王錢俶降宋。他以花甲之年奉阿育王寺真身舍利來到汴京（今河南開封），宋太宗見之於滋福殿，多次宣召，賜予紫衣及「通慧大師」號，入翰林院。六年，充右街副僧録。七年，又奉詔回杭州編纂《大宋高僧傳》，歷時七年成書三十卷，受到太宗褒獎，命僧録司編入大藏流通。淳化元年（九九〇）任左街講經首座，翌年任史館編修。至道元年（九九五）掌洛京（今河南洛陽）教門事。咸平元年（九九八）加右街僧録。次年遷左街僧録。除《傳載》外，尚有《物類相感志》、《筍譜》、《内典集》等著作。

是書載於兩《説郛》中，俱十則。所記多吴越時事，其中徑呼吴越爲吾國，則此書撰於五代時。此次整理，以商務印書館本《説郛》卷五所收爲底本，參校以宛委山堂本《説郛》卷三二所收本。

《高昌行紀》，王延德撰。王延德（九三九—一〇〇六），大名人。少給事晉邸，太平興國初補殿前承旨，再遷供奉官。使高昌國還，撰《高昌行紀》以獻。真宗時以左千牛衛上將軍致仕。延德以攀附得官，傾險好進，時人惡之。景德三年卒，年六十八。《宋史》卷三〇九有傳。

是書僅收録於宛委山堂本《説郛》中，一則。所記爲王延德出使高昌之見聞，此書全文載《宋史》及《揮麈録》，文字有一定差異。此次整理，以宛委山堂本《説郛》卷五六所收本爲底本。

《玉堂逢辰録》，錢惟演撰。錢惟演生平已見《金坡遺事》點校説明。

是書商務印書館本《説郛》兩則；宛委山堂本《説郛》一則，係商務本兩則合爲一則。《直齋書録解題》載是書兩卷，云：「其載祥符八年四月榮王宫火，一日二夜所焚屋宇二千餘間。左藏、内藏、香藥諸庫及祕閣、史館，香聞數十里。三館圖籍一時俱盡，大風或飄至汴水之南。惟演獻禮賢宅以處諸王。以此觀之，唐末五代書籍之僅存者，又厄於此火，可爲太息也！」所記兩則爲榮王宫火及侍宴。此次整理，以商務印書館本《説郛》卷二九所收爲底本，參校以宛委山堂本《説郛》卷四四所收本。

《家王故事》一卷。錢惟演撰。錢惟演生平已見《金坡遺事》點校説明。

是書兩《説郛》俱四則。《崇文總目》卷二載是書一卷。《直齋書録解題》載是書一卷，云：「記其父遺事二十二事上之，以送史院。」《宋史·藝文志》載是書一卷。所記爲吴越王故事。此次整理，以商務印書館本《説郛》卷二九所收爲底本，參校以宛委山堂本《説郛》卷四五所收本。

《先公談録》一卷，李宗諤撰。李宗諤（九六五—一〇一三），字昌武，深州饒陽（今屬河北）人，李昉第三子。七歲能屬文。恥以父任得官，獨由鄉舉第進士，授校書郎。又獻文自薦，遷秘書郎，集賢校理，同修起居注。真宗時，累拜右諫議大夫。初昉居三館兩制之職，不數年，宗諤並踐其地。風流儒雅，藏書萬卷。内行淳至，尤好勤接士類，奬拔後進。宗諤工隸書，爲西昆體詩人之一。著有文集六十卷、《内外制》三十卷，又作有《家傳》，預修《太宗實録》、《續通典》、《大中祥符封禪汾陰記》、《諸路圖經》。《宋史》卷二六五有傳。《先公談録》爲李宗諤根據其父李昉所説士大夫軼事與朝廷典制編撰而成。李昉（九二五—九九六），字明遠。以蔭補齋郎，選授太子校書。漢乾祐中，舉進士。仕漢、周歸宋，三入翰林。太宗朝拜平章事。昉爲文慕白居易淺近易曉。有文集五十卷，又奉敕撰《太平御覽》、《文苑英華》、《太平廣記》等書。《宋史》卷二六五有傳。

是書商務本《説郛》卷四〇録三則，序一則；宛委山堂本《説郛》卷二四同。而商務本《説郛》卷三又録有二則，與前兩本不同。又曾慥《類説》中録有八則（與《説郛》卷三重複一則），《紺珠集》録有六則（與《類説》重複五則）。此次整理，以商務印書館本《説郛》卷四〇所收爲底本，參校以宛委山堂本《説郛》卷二四所收本《類説》卷一五、《紺珠集》卷一一，合爲十一則。

《湖湘故事》，陶岳撰。陶岳生平已見《荆湖近事》點校説明。

是書僅收録於宛委山堂本《説郛》中，六則。所記爲唐、五代時事。此次整理，以宛委山堂本

《説郛》卷三〇所收本爲底本。

《洞微志》，錢易撰。錢易（九六八—一〇二六），字希白，臨安（今浙江杭州）人。五代吴越王錢鏐的曾孫，少年即以歌詩知名於世，大受蘇易簡稱賞。咸平二年（九九九）進士。景德三年（一〇〇六）再舉賢良方正科入等，歷任直集賢院、知制誥、翰林學士等職。《宋史》卷三一七、《東都事略》卷四八、《隆平集》卷一四皆有傳。著作尚有《青雲總録》、《青雲新録》、《南部新書》、《金閨瀛洲西垣制集》等。

是書載於兩《説郛》中，俱八則，《紺珠集》著録十則。《郡齋讀書志》卷一三著録是書爲十卷，《直齋書録解題》卷一一著録是書爲三卷，《宋史·藝文志》著録爲三卷。昌彼得謂「《紺珠集》嘗節録十條，此本所録十條，即從《紺珠集》中摘出」。又程毅中《宋元小説研究》推測《古今分門事類》中所引《錢希白小説》數條或是《洞微志》。所記皆怪奇之事。此次整理，以商務印書館本《説郛》卷七五所收爲底本，參校以宛委山堂本《説郛》卷三九所收本、《紺珠集》卷一二，《紺珠集》多出的二則附於後合爲十則。

《野説》，宛委山堂本《説郛》題《雁門野説》，邵思撰。據是書所記，邵思應生於開寶三年（九七〇），幼年生活於南唐統治下的建康（今江蘇南京）。除《野説》外，尚有《姓解》三卷，今佚。雁門在今山西代縣。《直齋書録解題》著録《姓解》時也稱「雁門邵思撰」，則知其祖籍山西。

是書《宋史·藝文志》著録爲三卷。兩《説郛》俱六則。所記有南唐君臣故事，及宋代士大夫軼事。其中記載開寶八年（九七五）宋滅南唐事，爲作者親歷，較爲可信。此次整理，以商務印書館本《説郛》卷四〇所收爲底本，參校以宛委山堂本《説郛》卷二四所收本。

《趙后遺事》一卷，秦醇撰。秦醇，字子復，譙州（今安徽亳州）人，生卒年不詳。

此書又名《趙飛燕别傳》，秦醇得自同鄉李生家藏古抄本，因年代久遠，紙墨脱落，故加以補正，編次成篇。書中記事起於趙飛燕入宫，止於漢成帝駕崩。其中「帝賜我坐，命進茶。左右奏帝曰：向者侍帝不謹，不合啜此茶」一段，屢爲人徵引，用以證明飲茶之風不始於三國吴時。

《趙后遺事》不見於宋人書目著録。劉斧《青瑣高議》卷七全文收録，題作秦醇所撰之《趙飛燕外傳》，題下小注云：「《别傳》敘飛燕本末。」考《趙飛燕外傳》爲漢伶玄所撰，内容較《趙后遺事》詳盡；而《别傳》才是所謂的《趙后遺事》。在《青瑣高議》中，恐是劉斧誤將《别傳》記作《外傳》。自明以後，《趙后遺事》方以《趙飛燕别傳》之名盛行，如《澹生堂書目》載：「《趙氏二美遺踪》一卷，秦醇。《趙飛燕别傳》一卷（未著録撰人名）。」《西漢文紀》、《全上古三代秦漢三國六朝文》等書皆節引秦書。

此次整理以宛委山堂本《説郛》爲底本，校以商務印書館本《説郛》、《四庫全書》本，同時參校了《西漢文紀》等相關文獻。

《閒談録》二卷，蘇耆撰。宛委山堂本《説郛》作《聞談録》。蘇耆（九八七—一〇三五），字國老，銅山（今四川中江）人，蘇易簡之子，蘇舜欽、蘇舜元、蘇舜賓之父。其父蘇易簡、子蘇舜欽、蘇舜元被後世稱爲「中江三蘇」。初以父任爲宣節校尉、左千牛備身。既冠，賜及第進士，仕至陝西轉運使。景祐二年（一〇三五）正月十三日卒，年四十九歲。《宋史》卷二六六有傳。其著作尚有《計録》三篇、《次翰林志》、《續文房四譜》並《文集》二十卷。

是書《郡齋讀書志》作《開談録》兩卷，稱「皇朝蘇耆撰。舜欽之父也。記五代以來雜事，下帙多載馮道行義」。《宋史·藝文志》作《閒談録》二卷。蘇舜欽《先公墓志銘》則作《開談録》五卷。昌彼得《説郛考》云明抄本亦作《開談録》。今是書收録於兩《説郛》中，俱五則。所記爲五代至宋初人軼事。此次整理，以商務印書館本《説郛》卷一四所收爲底本，參校以宛委山堂本《説郛》卷三二所收本。

《重編燕北録》三卷。宛委山堂本《説郛》作《燕北録》。王易撰。王易（一〇〇四—一〇八一），字悌卿，開封人。初以祖任三班借職，累遷麟州兵馬監押。元豐四年（一〇八一）卒，年七十八，官至宫苑使閤門通事舍人。

是書商務印書館本《説郛》十三則，圖四幅； 宛委山堂本《説郛》十一則，與商務本内容同而略有外訛，圖五幅。所記爲遼國故事。時間在遼道宗時期。昌彼得以爲此書題「重編」二字，係重編武珪《燕北録》。苗潤博以爲是書本武珪之書，南宋書商妄題王易撰。此次整理，以商務印書館本《説郛》卷三八所收爲底本，參校以宛委山堂本《説郛》卷五六所收本，圖則取宛委山堂本《説郛》。

《談淵》，王陶撰。王陶（一〇二〇—一〇八〇），仁宗慶曆二年（一〇四二）進士。歷任監察御史裏行、權三司使、判南京留司御史臺，後出知蔡州、河南府、汝州。陶始受知于韓琦，後欲自規重位，轉劾韓琦，神宗薄其反復，不復重用。卒年六十一。贈吏部尚書，謚文恪。有文集十五卷、詩十卷、《詩説》三卷，《宋史·藝文志》著録《王陶詩》三十卷、集五卷，均佚。《宋史》卷三二九有傳。

是書《宋史·藝文志》有著録。今收録於兩《説郛》、《歷代小史》等書中。商務印書館本《説郛》載八則，宛委山堂本《説郛》及《歷代小史》本載七則，脱商務本首條。所載爲宋太祖到仁宗朝瑣事。此次整理，以商務印書館本《説郛》卷三四所收爲底本，參校以宛委山堂本《説郛》卷三五及《歷代小史》本。

《歲時雜記》，吕希哲撰。吕希哲（一〇三六—一一一四），字原明，學者稱滎陽先生。壽州（今安徽壽縣）人。少從焦千之、孫復、石介、胡瑗學；復從張載、程顥、程頤、王安石遊，聞見益廣。太學出身，以蔭入官。王安石勸其勿事科舉，僥倖利禄，遂絶意進取。父吕公著殁，始爲兵部員外郎。因范祖禹薦，哲宗召爲崇政殿説書。他勸導哲宗以修身爲本，修身以正心誠意爲主。

擢右司諫，御史論其進不由科第，以秘閣校理知懷州，謫居和州。徽宗初復官，召爲光禄少卿，以直秘閣知曹州。旋遭崇寧黨禍，奪職居淮、泗間，日讀《易》一爻，授徒講學。《宋史》卷三三六有傳。著作尚有《吕氏雜記》。

是書《直齋書録解題》卷七著録爲二卷。今僅收録於宛委山堂本《説郛》中，九則。所記爲古代風俗。此次整理，以宛委山堂本《説郛》卷六九所收本爲底本。

《暇日記》一卷，劉跂撰。劉跂，字斯立，號廬上老人，東光（今河北河間）人，摯子。元豐二年（一〇七九）進士，官朝奉郎。紹聖間從摯於謫所。徽宗立，詔返摯家屬，以跂請，摯得歸葬。跂又訴文及甫之誣，遂貶及甫。跂能文章，人稱學易先生。遭黨事，爲官拓落，家居避禍，政和末以壽終。《宋史》卷三四〇有傳。著作尚有《學易集》。

是書商務印書館本三十三則；宛委山堂本三十二則，其中一則爲商務本兩則合併。所記多爲宋人軼事，兼記醫藥。此次整理，參校以商務印書館本《説郛》卷四所收本，以宛委山堂本《説郛》卷二七所收爲底本。

《幙府燕閒録》十卷，畢仲詢撰。畢仲詢，字景儒，據《郡齋讀書志》所記，畢仲詢元豐間爲嵐州團練推官，疑爲畢士安曾孫行。商務印書館本《説郛》卷三所録作「畢中詢」。

是書《郡齋讀書志》著録爲十卷，題「右皇朝畢仲詢景儒撰。仲詢元豐初爲嵐州推官，纂當代怪奇可喜之事，爲二十門。」《宋史·藝文志》著録爲十卷。今收録於商務印書館本《説郛》卷三，三則；商務印書館本《説郛》卷一四，七則；宛委山堂本《説郛》卷四一，七則。商務印書館本卷一四與宛委山堂本卷四一所收七則内容相同。而商務印書館本卷三三則，昌彼得以爲其中前兩條係摘自《類説》，而後一條或譌入。《類説》收録十三則，《紺珠集》收録六則，與《類説》同。所記多宋人軼事。此次整理，以商務印書館本《説郛》卷一四所收七則爲底本，校以宛委山堂本《説郛》卷四一所收七則，並合以商務印書館本《説郛》卷三所收三則，《類説》卷一九所收十一則，合爲二十一則。《類説》本原有小標題，今照録。

《范文正公遺事》一卷，佚名撰。作者無考。疑爲北宋人所撰。是書僅收録於商務印書館本《説郛》中，三則。所記爲北宋著名宰相范仲淹事蹟。此次整理，以商務印書館本《説郛》卷六四所收爲底本。

《韓忠獻别録》，王巖叟撰。王巖叟（一〇四三—一〇九三），字彦霖，大名清平（今屬河北）人。應明經科，省試第一。哲宗初爲監察御史。元祐八年（一〇九三）卒，年五十一。《宋史》卷三四二有傳。著作尚有《易詩春秋傳》、《大名集》。

是書《郡齋讀書志》著録一卷，題《韓忠獻公别録》。《直齋書録解題》著録一卷，題《魏公别録》。《宋史·藝文志》著録一卷。《文獻通考》著録四卷，題《魏國忠獻公别録》。《皕宋樓藏書志》著録一卷，題《韓忠獻王别録》，收録王巖叟自序。《四庫存目》著録三卷。今僅收録於商務印書館本《説郛》中，二則。所記爲韓琦軼事。此次整理，以商務印書館本《説郛》卷三所收爲底本。

《韓魏公事》一卷，趙寅撰。趙寅失考，據《韓魏公事》自序云，及第後初任黄陂縣主簿，紹聖四年（一〇九七）時以朝請郎判南京國子監。

《宋史·藝文志》著録趙寅《韓琦事實》一卷，或即此書。今僅收録於商務印書館本《説郛》中，四則，序一則。所記爲北宋著名宰相韓琦事蹟。此次整理，以商務印書館本《説郛》卷六四所收爲底本。

《南遊記舊》，兩《説郛》均題「曾紆」撰。而《直齋書録解題》則著録爲「曾紆公衮」撰。曾紆（一〇七三—一一三五），字公衮，晚號空青先生，江西臨川南豐（今屬江西）人。北宋丞相曾布第四子，曾鞏之侄。北宋末南宋初散文家、詩人、書法家。初以蔭補官，紹聖中復中弘詞科，坐黨籍貶零陵。紹興初，除直顯謨閣。歷知撫、信、衢三州，上書辨説宣仁后誣謗，士論韙之。官終直寶文閣。紹興五年（一一三五）卒，年六十三。有《空青集》十卷。今觀《南遊記舊》中涉及曾布、曾鞏事，則作者當以曾紆爲是。

是書《直齋書録解題》著録爲一卷。今載於兩《説郛》中，俱十一則，宛委山堂本《説郛》每則皆有小標題。所記爲宋人軼事。此次整理，以商務印書館本《説郛》卷四九所收爲底本，參校以宛委山堂本《説郛》卷五〇所收本。

《蒼梧雜志》一卷，胡珵撰。胡珵，字德輝，常州晉陵人（今屬江蘇）。徽宗宣和三年（一一二一）進士，學於楊時、劉安世。李綱爲相，珵在幕中，爲汪伯彦、黄潛善所忌，以嘗潤色陳東所上書，貶梧州。高宗紹興初召試翰林，兼史館校勘。秦檜主和議，珵與朱松等抗疏極言不可，出知嚴州。後罷職，窮困而死。著有《蒼梧集》，已佚。

此書今存《説郛》本，所傳止三條，篇幅甚小。另有《古今説部叢書》本等。此次整理即以宛委山堂本《説郛》爲底本，校以《古今説部叢書》本。

《軒渠録》一卷，吕本中撰。吕本中（一〇八四—一一四五），初名大中，字居仁，世稱東萊先生，壽州（今安徽壽縣）人，徙居京師，吕好問子。宋代著名詩人、詞人、道學家。紹興六年進士，以蔭補承務郎，累遷中書舍人兼直學士院，觸秦檜，提舉太平觀。紹興十五年（一一四五）卒，年六十二，謚文清。《宋史》卷三七六有傳。著作尚有《春秋集解》、《童蒙訓》、《師友淵源録》、《東萊詩集》、《紫薇詩話》、《紫薇雜説》等。

《浙江通志》卷二四六著録是書云：「吕東萊有《軒渠録》，取『兒識父母，軒渠笑悦』之意。」（《後漢書·方術傳下·薊子訓》）明《文淵閣書目》卷八子雜類有《軒渠集》一册。是書兩《説郛》俱十三則。所記多爲宋人軼事。其中有記事至紹興三十一年（一一六一），在吕本中亡故之後，疑非吕本中所書。此次整理，以商務印書館本《説郛》卷七所收爲底本，參校以宛委山堂本《説郛》卷三四所收本。

《續骪骳説》一卷，朱弁撰。宛委山堂本《説郛》題「朱昂撰」，按朱昂生活於北宋前期，而是書中記載有政和時事，非是。當是朱弁。朱弁（一〇八五—一一四四），字少章，號聘遊子，又號觀如居士。婺源（今屬江西）人。朱熹族祖，南宋文學家。建炎二年（一一二八）自願使金，以諸生補修武郎，藉右武大夫、吉州團練使擢任通問副使，隨王倫赴金，被拘不屈，留十六年，至紹興十三年（一一四三）方南歸。補宣教郎、直秘閣，轉奉議郎，紹興十四年（一一四四）卒。除《續骪骳説》外，尚有《聘遊集》、《書解》、《曲洧舊聞》、《雜書》、《風月堂詩話》、《新鄭舊詩》、《南歸詩文》等書。《宋史》卷三七二有傳。

《直齋書録解題》著録是書名爲《骳骪説》。今商務印書館本《説郛》五則，宛委山堂本《説郛》三則，皆有序。據是書序，知前有晁無咎《骪骳説》兩卷，朱弁仿此以續之。序文題「壬戌六年」，然壬戌爲紹興十二年，殊不可解。所記爲宋人軼事及文學見解。此次整理，以商務印書館本《説郛》卷三八所收爲底本，參校以宛委山堂本卷二九所收本。

《隱窟雜志》三卷，温革撰。温革，字叔皮，原名豫，後改今名，惠安（今屬福建）人。政和五年（一一一五）進士，歷官秘書郎。紹興初，被命使河南修山陵，奏歸以實，語甚憤激，帝爲泣下。忤秦檜意，出守延平。刊《五嶽真形圖》於郡治。復守臨漳，甚得民譽，終福建轉運使。

昌彼得云是書明鈔本作二卷。商務印書館本《説郛》十則；宛委山堂本《説郛》八則，其中各有兩則係商務本兩則合爲一則。所記爲宋人軼事及典制之討論。此次整理，以商務印書館本《説郛》卷二所收本爲底本，參校以宛委山堂本《説郛》卷一八所收本。

《退齋雅聞録》，侯延慶撰。侯延慶，字季長，號退齋居士，衡山（今屬湖南）人，彭老弟。登政和六年（一一一六）进士，歷官起居舍人，在南宋仍有活動，官至右文殿監修。著作尚有《退齋集》、《退齋詞》、《退齋筆記》。

是書商務印書館本十二則；宛委山堂本十一則，其中一則係商務本兩則合爲一則。雜記宋人軼事、藥方、民間諺語、詩話。此次整理，以商務印書館本《説郛》卷四八所收本爲底本，參校以宛委山堂本《説郛》卷一七所收本。

《視聽鈔》三卷，吴萃撰。吴萃，他書又作吴莘，字商卿，歸安（今屬浙江）人。淳熙八年（一一八一）進士。淳熙十三年（一一八六）時爲楚州教授。後任國子博士。宛委山堂本《説郛》作吴華撰。二書所載作者名不同。

《郡齋讀書志》附志載：「《視聽鈔》三卷，右國子博士吴華商卿得之聞見，示後人以勸戒。凡六十四事云。」則原書有六十四則。又《郡齋讀書志》所載之作者名，與兩《説郛》所載又不同。

今是書商務印書館本《説郛》三則，宛委山堂本《説郛》兩則，少何欽聖詩一則。此次整理，以商務印書館本《説郛》卷二〇所收爲底本，參校以宛委山堂本《説郛》卷三二所收本。

《暘谷漫録》，商務印書館本《説郛》題洪巽撰，宛委山堂本《説郛》作《暘谷謾録》，洪巽撰。洪巽生平不詳。

是書兩《説郛》俱六則。所記爲宋人軼事、讀書雜記、謎語等。此次整理，以商務印書館本《説郛》卷七三所收爲底本，參校以宛委山堂本《説郛》卷二九所收本。

《雞林類事》三卷，孫穆撰。孫穆生平不詳，大約活動於北宋末。商務印書館本《説郛》小注云：「奉使高麗國信書狀官。」

《直齋書録解題》卷七載是書三卷，《宋史·藝文志》同。《玉海》卷一六著録亦爲三卷，云：「崇寧初孫穆撰，叙土風、朝制、方言，附口宣刻石等文。」今載於兩《説郛》中，商務印書館本九則；宛委山堂本五則，係合併商務印書館本九則而成，内容相同。所記爲高麗之政治、風俗、語言。此次整理，以商務印書館本《説郛》卷七所收爲底本，參校以宛委山堂本《説郛》卷五五所收本。

《上庠録》，吕榮義撰。吕榮義，據《直齋書録解題》載，曾任光州助教。活动於兩宋之交。

是書僅收録於宛委山堂本《説郛》中，八則。《直齋書録解題》卷七著録爲十卷。《清波雜志》卷一二載：「政和三年，温陵吕榮義著《兩學雜記》，凡七十二條，所書皆太學、辟雍事也……紹興十三年，再興太學，榮義尚在，累舉得光州助教。乃摭舊記，益未備爲八十一條。更名《上庠録》投進。」又有周士貴所著《上庠後録》十二卷。故事典籍中所引《上庠録》者，有以《上庠後録》雜之。所記爲唐、宋兩代太學典故。此次整理，以宛委山堂本《説郛》卷五一所收本爲底本。

《澹山雜識》三卷。商務印書館本《説郛》題作者爲「錢□□，號淮海野人」，宛委山堂本《説郛》題作者爲「錢功」。據書中的内容，疑爲吴越錢氏後人所撰。

是書兩《説郛》俱六則。所記爲北宋時事。此次整理，以商務印書館本《説郛》卷二九所收爲底本，參校以宛委山堂本《説郛》卷二八所收本。

《植跋簡談》一卷，錢康公撰。錢康公，吴越人，約活動於南宋初年。宛委山堂本《説郛》録作《植杖閒談》，錢康功撰。

是書商務印書館本《説郛》六則，宛委山堂本《説郛》五則。宛委山堂本《説郛》首二條與商務印書館本《説郛》首二條内容同。第三條「契丹」條係《桐蔭舊話》之文。末二條「談命」「薛道衡」二條，昌彼得認爲是所據鈔本譌誤所致，非原文。按：「薛道衡」文字幾與《貴耳集》卷中文字全同。此次整理，以商務印書館本《説郛》卷二〇所收爲底本，參校以宛委山堂本《説郛》卷二八所收本前兩則，餘不取。

《陵陽先生室中語》一卷。范季隨撰。范季隨，字周士，淮陽（今屬河南）人。高宗紹興二十二年（一一五二）任建昌軍教授。輯有《韓子蒼語録》。

是書僅收録於《説郛》中，商務印書館本《説郛》九則；宛委山堂本《説郛》著録爲《陵陽室中語》，不分則。所記主要爲韓駒的言行。韓駒（一〇八〇—一一三五），字子蒼，號牟陽，學者稱他陵陽先生。陵陽仙井（今四川井研縣）人。北宋末南宋初江西詩派詩人，嘗在許下從蘇轍學。徽宗政和初，因獻頌得官，召試舍人院，賜進士出身，任秘書省正字。當時正值禁止「元祐黨人」之學，不久即因學蘇轍而被貶官監華州（今陝西華縣）蒲城縣市易務。後知洪州分寧縣（今江西修水），又召爲著作郎。宣和五年（一一二三）被任命爲秘書少監，次年升中書舍人兼修國史。高宗紹興元年（一一三一），知江州（今江西九江）。紹興五年（一一三五），卒於撫州。《宋史》卷四四五有傳。此次整理，以商務印書館本《説郛》卷四三所收爲底本，參校以宛委山堂本《説郛》卷二七所收本。

《北風揚沙録》一卷，商務印書館本《説郛》未題撰人，宛委山堂本《説郛》題陳準撰。南宋有一陳準，字正臣，星子人，慕子。以父蔭出仕，任州縣之職，年五十五即掛冠，號清隱散人。距城三十里有別墅在石屋間，朱熹匾爲石屋書堂。累贈朝議大夫。疑是。

是書兩《説郛》俱一則。所記爲金國風俗。此次整理，以商務印書館本《説郛》卷二五所收爲底本，參校以宛委山堂本《説郛》卷五五所收本。

《聞見録》二卷。羅點撰。羅點（一一五〇—一一九四），字春伯，號此庵，崇仁縣（今屬江西）人。羅點六歲即能文，淳熙二年（一一七五）舉進士第二名，仕端明殿學士、簽書樞密院。紹熙五年（一一九四）卒，年四十五，謚文恭。著作尚有《奏議》二十三卷，書《春秋孟子講義》若干卷。《宋史》卷三九三有傳。

是書收録於兩《説郛》中，俱八則。書中雜記宋人軼事、怪奇之事與作者之讀書心得。此次整理，以商務印書館本《説郛》卷九所收爲底本，參校以宛委山堂本《説郛》卷三二所收本。

《因話録》十卷，曾三異撰。此書宛委山堂本《説郛》題《同話録》，又昌彼得云此書明鈔本作《司話録》，《培林堂書目》作《岡南因語録》，不知孰是。曾三異，字無疑，號雲巢，新淦（今屬江西）人，三聘弟。淳熙中鄉貢，少有詩名，尤尊經學，屢從朱熹問辯。端平元年（一二三四）授承務郎，主管潭州南岳廟，差充館閣校勘，除太社令，能作小楷。壽七十餘而終。著作尚有《新舊官制通考》及《通釋》等書。

今商務印書館本《説郛》卷一九收録四十五則，宛委山堂本《説郛》卷二三收録四十六則，其中一則係以商務印書館本《説郛》内容合併而成。雜録宋人軼事及名物考證。此次整理，以商務印書館本《説郛》卷一九所録爲底本，校以宛委山堂本《説郛》卷二三所收本。

《虜庭事實》十卷，文惟簡撰。文惟簡失考，據商務印書館本《説郛》載爲「燕山進士」。據書中所記女真風俗推測年代，燕山已在金統治之下。則文惟簡或是由金入宋的歸正人。是書載於兩《説郛》中，俱十三則。《宋史·藝文志》載大惟簡《塞北紀實》三卷，疑是此書。內容記金國風俗。此次整理，以商務印書館本《説郛》卷八所收爲底本，參校以宛委山堂本《説郛》卷五五所收本。

《蜀道征討比事》，袁申儒撰。袁申儒，字尊固，建陽（今屬福建）人。學於陳傅良，紹熙元年（一一九〇）進士。理宗時知常德府，有循績。商務印書館本《説郛》注云「監四川總領」，昌彼得云明鈔本作「四川總領軍法」。

今兩《説郛》所載俱《軍法》一則，該則內容見於《建炎以來繫年要録》卷一九六，所載文字小異，可相互補充。此次整理，以商務印書館本《説郛》卷三〇所收爲底本，參校以宛委山堂本《説郛》卷四九所收本。

《行都紀事》，商務印書館本《説郛》題楊和甫撰，注云：「和甫字德温，延平人。」生平失考。宛委山堂本《説郛》題作者爲陳晦。陳晦，字自名，湖州長興（今屬浙江）人。淳熙初賜童子出身，紹熙元年(一一九〇)中博學鴻詞科。歷秘書郎、著作佐郎,出知蘄州。嘉定元年(一二〇八)入爲禮部員外郎,兼國史院編修官及實録院檢討官,調樞密院詳檢文字,尋改殿中侍御史。

是書僅收録於《説郛》中。商務印書館本《説郛》十三則,宛委山堂本《説郛》十二則,係將商務本中二則合爲一則,内容實同。此書雖名爲《行都紀事》,但不專記南宋都城臨安風土人情,兼記兩宋人物軼事。此次整理,以商務印書館本《説郛》卷二〇所收爲底本,參校以宛委山堂本《説郛》卷三〇所收本。

《野雪鍛排雜説》一卷,許景迂撰。宛委山堂本《説郛》作許景迂撰。昌彼得云明鈔本作許景遠。許景迂失考。許景迂舊名闳,山陰(今浙江紹興)人。紹熙四年(一一九三)進士,有《野雲吟稿》。《千頃堂書目》卷二九著録「許景迂《埜雪竹》五卷。(小注:《名賢贈言》附)又《鍛排雜説》一卷。(小注:皆理宗時人)按,《姑蘇志》卷二三有「紹定二年許景迂重修廳西有景袁堂」之記載。其時代與《野雪鍛排雜説》記皆合,作者當以許景迂爲是。

是書商務印書館本《説郛》兩則,宛委山堂本《説郛》三則。商務本與宛委本兩則一辨聖節斷屠宰之始,一辨陶穀惑娼女之事;宛委山堂本多出一則,述魏了翁事。此次整理,以商務印書館本《説郛》卷一二所收爲底本,參校以宛委山堂本《説郛》卷三二所收本,合爲三則。

《讀書愚見》二卷,宛委山堂本《説郛》題《讀書隅見》,鄭震撰。鄭震,後更名起,字叔起,號菊山，三山（今福建連江）人。早年場屋不遇，客京師三十餘年。晚爲安定、和靖二書院山長，又開講於平江、無錫。伏闕論史嵩之。淳祐丁未（一二四七），鄭清之再相，震登其門罵曰：「端平敗相何堪再壞天下。」被執，與子女俱下獄，京尹趙與籌縱之。鄭罷相乃免。與林獻齋、周伯弜爲行輩。有《倦遊稾》、《清雋集》一卷。

是書商務本《説郛》十則，有標題；宛委本題《讀書隅見》，無名氏作，十一則，無標題，多出的一則係《幽閒鼓吹》之文訛入。其中所記，爲作者平日讀書之心得。此次整理，以商務印書館本《説郛》卷二〇所收爲底本，參校以宛委山堂本《説郛》卷二五所收本。宛委山堂本中多出的一則不録。

《繼古藂編》，施青臣撰。施青臣失考。據書中引用《苕溪漁隱叢話》及淳熙年號，推測其爲孝宗時人。

是書僅收録於宛委山堂本《説郛》中，十二則。所記主要爲詩話及考據名物典制之内容。此次整理，以宛委山堂本《説郛》卷二四所收爲底本。

《桃源手聽》一卷。商務印書館本《説郛》未題作者，宛委山堂本《説郛》題作者爲陳賓。是書中記載孝宗時事，又引程大昌《演繁露》。昌彼得據此以爲作者當爲光宗以後人。又：書中所記史越王，爲南宋宰相史浩，寧宗嘉定十四年（一二二一）追封爲越王。南宋名陳賓者二人：一字賓王，福建福安人，紹興十二年進士，以從政郎爲武平令；一字彦光，閩縣人，紹興二十一年（一一五一）進士，終泉州教授。然以嘉定十四年推之，皆跨時太久，無法推定。

是書兩《説郛》俱十四則，雜録作者之政見、宋人軼事、典故等。此次整理，以商務印書館本《説郛》卷二九所收爲底本，校以宛委山堂本《説郛》卷二八所收本。

《韋居聽輿》一卷，陈直撰。昌彼得據書所引朱文公、周益公事，以爲此陳直當爲南宋時人，非元豐間爲泰宁興化令者，當爲撰《養老奉親書》之陳直。按：《養老奉親書》應著於北宋，似非此陳直。《吴興備志》載《韋居聽輿》「陳□直齋之子，霅川人」，則該書作者似爲陳振孫之子，名字闕失，後人誤將直齋之號連讀致誤。

是書商務印書館本《説郛》八則；宛委山堂本《説郛》七則，係將商務本中二則合爲一則，内容實同。所記爲宋人軼事，多雜載怪奇之事。此次整理，以商務印書館本《説郛》卷二一所收爲底本，參校以宛委山堂本《説郛》卷二八所收本。

《葦航紀談》五卷，蔣津撰。昌彼得云《培林堂書目》舊抄《説郛》目題「宋蔣」無名撰。蔣津失考，據文中所記時間推測，可能活動於理宗時。

是書商務印書館本十一則，宛委山堂本十二則，昌彼得以爲多出一則當自他書羼入。所記爲宋人軼事及志怪之事。此次整理，以商務印書館本《説郛》卷七所收本爲底本，參校以宛委山堂本《説郛》卷二〇所收本，宛委山堂本《説郛》多出的一則，附於末。

《浩然齋意抄》一卷，周密撰。周密生平見《武林舊事》點校説明。

是書《千頃堂書目》著録，不言卷數。今僅收録於商務印書館本《説郛》中，三十六則。是書内容係從各書中摘録内容編成，故名「意抄」，然個别出處今無考，或爲逸本。此次整理，以商務印書館本《説郛》卷二十所收本爲底本。

《坦齋筆衡》六卷，葉寘撰。葉寘，字子真，號坦齋，池州青陽（今屬安徽）人，隱居九華山，以著書自娱。宋末監司論薦，補迪功郎、本州簽判。著作尚有《愛日齋叢鈔》。

是書僅收録於商務印書館本《説郛》中，二十則。《千頃堂書目》卷一二小説家類載作一卷。所記多爲宋人軼事。此次整理，以商務印書館本《説郛》卷一八所收爲底本。

《船窗夜話》一卷。顧文薦撰，商務印書館本《説郛》小注：「薦字伯舉，號蘭古，崑山人。」《宋詩紀事》記《船窗夜話》的作者爲顧逢。《船窗夜話》記事，最晚至理宗寶祐年間，則作者可能活動於宋末。除《船窗夜話》外，尚有《建茶品第》、《負喧雜録》等書。

是書商務印書館本一則，宛委山堂本九則，所記不一，昌彼得考證除「巫覡致妖」及「解斷腸草毒」前半不知所出外，餘條咸出《稗史》之文。此次整理，以商務印書館本《説郛》卷二一所收一則，以宛委山堂本《説郛》卷二八所收二則，其他不録，合爲三則。

《姑蘇筆記》二卷，羅志仁撰。羅志仁，字壽可，號壺秋，清江（今屬江西）人。活動於宋末元初。舉元鄉薦，授天山書院山長。人稱其小詞他人不能及。除《姑蘇筆記》外，尚有《薊門行卷》、《古香篇》、《倦遊集》等著作。

今商務印書館本七則；宛委山堂本七則，有標題，少「楚樂亭記」一條，而將「隱佚」一則析爲二則。所記多爲宋人軼事。此次整理，以商務印書館本《説郛》卷五七所收爲底本，參校以宛委山堂本《説郛》卷二六所收本。

《三柳軒雜識》一卷，宛委山堂本《説郛》題程棨撰。商務印書館本《説郛》不題撰人。昌彼得云《培林堂書目》題宋程棨撰。程棨，字儀甫，號隨齋，安吉（今屬浙江）人。曾祖程大昌原籍安徽歙縣，後僑寓吴興，晚葬安吉梅溪。其子孫遂居於此。程棨善畫，能書，有摹樓璹《耕織圖》。

是書商務印書館本十三則。宛委山堂本十八則，少商務本中「胡安定女孫」一條，而將商務本中「平園記客言」條析爲二條。又後五條，據昌彼得考證，係他書訛入，非《三柳軒雜識》文字。雜記宋人軼事，間記名物，又有怪奇之事。其記事最晚至宋度宗咸淳年間。此次整理，以商務印書館本《説郛》卷二一所收爲底本，參校以宛委山堂本《説郛》卷二四所收本，宛委山堂本中訛入的五條不收。

《田間書》一卷，林昉撰。《説郛》題作「林芳」，誤；《南村輟耕録》正引作「林昉」。林昉，字仲昉，一説字旦翁，號曉庵，晚宋三山人。其先世爲閩人，徙家台州。宋末與吴大有、仇遠、白珽輩遨遊湖海，詩酒自娱，時以比竹林七賢。元初辟官國史檢閲。遺集不傳，存者僅《田間書》（詳見《全浙詩話》卷二三）。除《田間書》外，林昉尚著有《半山文集》、《丹丘小稿》，今皆不存。

此書以説理爲主，穿插以寓言形式，旨在發明修身養性、治學處世之道，流傳甚廣。如「餌同釣異」條：「余嘗步自横溪，有二叟分石而釣，其甲得魚至多且易取，其乙日亡所獲也。乙乃投竿問甲曰：『食餌同，釣之水也同，何得失之異邪？』甲曰：『吾方下釣時，但知有我，而不知有魚，目不瞬，神不變，魚忘其爲我，故易取也。子意乎魚，目乎魚，神變則魚游矣，奚其獲？』乙如其教，連取數魚。予嘆曰：『旨哉！意成乎道也。』」此條即爲多種類書、叢書所引。

《田間書》元代無單行本，收入《説郛》中。清丁仁《八千卷樓書目》著録：「《田間書》，一卷，宋林芳撰（按：「芳」誤），葉氏刊本。」此本今未見。除此之外，尚有《龍威秘書》本。

此次點校以商務印書館本《説郛》爲底本，校以宛委山堂《説郛》本。

《異聞記》，何先撰。何先失考。程毅中《宋元小説研究》認爲此書應爲何光撰，何光，字履謙，四明（今屬浙江）人。

是書僅收録於宛委山堂本《説郛》中，三則。所記爲奇異之事。此次整理，以宛委山堂本《説郛》卷三八所收本爲底本。

《善謔集》一卷，題□□□撰，號天和子。作者不詳。

是書載於兩《説郛》中，俱八則。《通志》卷六八録有「《善謔集》一卷，竇萃撰」。是書所記，皆古人諧謔之事，最晚記至南唐。此次整理，以商務印書館本《説郛》卷六五所收爲底本，參校以宛委山堂本《説郛》卷三二所收本。

《嘉蓮燕語》，不著撰人名氏。作者無考。

是書僅收録於宛委山堂本《説郛》中，七則，録前代軼事及民間習俗。其中記李杲一則，或爲中國醫學史上「金元四大家」之李杲。李杲主要活動於金代。或是金、元人所撰。然其中又記江南之風俗，似爲南宋人書。此次整理，以宛委山堂本《説郛》卷三一所收本爲底本。

《内觀日疏》，佚名撰。作者無考。

是書僅收録於宛委山堂本《説郛》中，七則。所記爲古代才女軼事，其中所記之晁采，爲唐大歷間女詩人。此次整理，以宛委山堂本《説郛》卷三一所收本爲底本。

《趨朝事類》兩卷，佚名撰。作者無考。

是書載於兩《説郛》中，俱四門二十八則。所記爲宋代官制典章儀式。所載之《官品令》對研究宋代官制有重大參考價值。此次整理，以商務印書館本《説郛》卷三四所收爲底本，參校以宛委山堂本《説郛》卷五一所收本。

《三餘帖》，佚名撰。作者無考。

是書僅收録於宛委山堂本《説郛》中，十四則。所記多爲怪奇之事。此次整理，以宛委山堂本《説郛》卷三二所收本爲底本。

《玄池説林》，佚名撰。作者無考。

是書僅收録於宛委山堂本《説郛》中，六則。所記多爲民俗及怪奇之事。此次整理，以宛委山堂本《説郛》卷三一所收本爲底本。

目録

野人閒話

景焕 撰

野人者，成都景焕，山野之人也。閒話者，知音會語，話前蜀主孟氏一朝人間聞見之事也。其中有功臣、瑞應、朝廷規制可紀之事，則盡自史官一代之書，此則不述。故事件繁雜，言語猥俗，亦可警悟於人者録之，編爲五卷。謂之《野人閒話》。時大宋乾德三年乙丑歲三月十五日序。

頒令箴

蜀後主孟氏諱昶，字保元，尊號「睿文英武仁聖明孝皇帝」，道號「玉霄子」。承高祖纂業【一】，性多明敏，以孝慈仁義在位三紀已來，尊儒尚道，貴農賤商，城内人生三十歲有不識米麥之苗者。每春三月、夏四月，人遊浣花者、遊錦浦者，歌樂掀天，珠翠填咽。貴門公子乘彩舫，遊百花潭，窮奢極麗。諸王、功臣已下，皆置林亭，異果名花，小類神仙之境。兵部王尚書瑶題亭子詩一聯曰：「十字水中分島嶼，數重花外見樓臺。」皆此類也。自大軍收復，蜀主知運數有歸，尋即納欵，識者聞之嘉歎。蜀主能文章，嘗爲箴誡頒諸子【二】，人各令刊刻于坐隅，謂之「班令箴」，曰云云，已載在前。

校勘記

【一】承高祖纂業　「祖」原闕，據《揮麈録餘話》卷一引《野人閒話》補。

【二】嘗爲箴誡頒諸子　「諸子」原作「字人」，據宛委山堂本改。

紅梔子花

蜀主昇平，嘗理園苑，異花草畢集其間。一日，有青城山客申迅入内，進花兩粒，曰：「紅梔子花種。賤臣知聖上理苑圃，輒進名花兩樹以助佳趣。」賜與束帛，背至朝市散與貧人，遂不知去處。宣令内園子種之，不覺成樹兩栽，其葉婆娑，則梔子花矣。其花爛紅六出，其香襲人。蜀主甚愛重之，或令圖寫於團扇，或綉入於衣服，或以熟草，或以絹素、鵝毛做作首飾，謂之紅梔子花。及結實成梔子，則顆大於常者。用染素則成赭紅色，甚妍翠。其時大爲貴重。

火龍騰躍

大軍未至前，自春及夏無雨，螟蝗大作。一旦，漢州什邡縣古井中，夜有十火龍騰躍而出，浩浩昇天而去。乃至鱗甲、首足明耀赫奕，大風吼天，草木皆拔，餘燼墜地，延燒數百家。翌日，有一人披髮，衣青布袴奔走于街巷中。高聲唱言：「有一神人使作無爺、無母救你。」汗流滿面，困乏喘氣而口不暫停，兩日，亦不知所在。復有鵜鶘鳴于屋，射之不中。俗呼爲禿秋鳥。故老見之曰：「此鳥主少主歸命，咸康時來，此時又來，當有興替乎？」皆秘而不奏。明年冬，大軍入界。

【三】有蜀王三紀已來　此句宛委山堂本作「自蜀主好事」。

蜀書畫八人

有蜀王三紀已來【三】，故藝能之士精于書畫者衆矣。沙門曇城，學李陽冰篆，曇城則神天師門人也。道士張昭胤，斅柳公權書，昭胤則傳貞天師門人也。工部員外郎昭碬，倣韓擇木八分書，昭碬亦杜光庭門人。僧曉巒攻張芝草聖，曉巒則夢龜弟子。皆超其本，而差其肩也。獨黄少監筌，師邊鸞雀竹，處士滕昌祐，擬梁廣花草，野人姜道隱本張藻松石。道隱不事談論，其與人交往，不冠帶，不跪，人謂之搔頭相國。李昊爲著名道德，常住綿竹山中。李司議文才繼閻立本寫真書畫。八人皆妙絶當代。野人平生討莊老之書有暇，而性好圖龍之真，興思忽至，即畫百尺之狀，縱意揮畫，苟不稱意，則塗抹之，不啻千餘軀而已，飄飄然雲陰雨氣，似有蜿蜒之勢，擲筆撫掌，自爲怡逸，嘗以此爲適意之作。亦曾撰集《龍證筆訣》三卷，傳於家。

靈砂餌胡孫

優旃楊千度者，善弄胡猻。于闤闠中嘗飼養胡孫十餘頭，會人言語，亦可取笑于一時。一日，内廐胡孫維絶走上殿閣。蜀主令人射之，不中。三日，内豎奏千度善弄胡孫，試令捉之。遂詔千度，謝恩訖，胡孫十餘頭亦朝殿上拜，叉手作行立。内廐胡孫亦在舍上窺之。干度高聲唱言：「奉敕把下舍上胡孫來。」手下胡孫一時上舍，齊手把捉内廐胡孫，立在殿前。蜀主大悦，賜干度優緋衫、錢帛，收係教坊。有内臣因問：「胡孫何以教之會人言語？」對曰：「胡孫乃獸，實不會人言語。干度常餌之靈砂，變其獸心，然後可教之。」内臣深訝所説。其事有好事者知之，多以靈砂飼胡孫、鸚鵡、犬、鼠等以教之。

食杏仁

翰林辛學士，頃年在青城山居。其居則古先道院，在一峰之頂。内有塑像皇姑，則唐六代玄宗之子也。一夕，夢見召龕遜謂曰：「汝可食杏仁，令汝聰明，老而彌壯，心力不倦，亦資于年壽矣。汝有道性，又不久在此，須出山佐理當代。」龕遜夢中拜請其法，則與《怡神論》中者同玄宗。申天師元有《怡神論》兩卷，下卷中有神仙秘方三十首，則甘草丸爲首，食杏仁法次之。杏仁七個，去皮尖，早晨興嗽了，内于口中，久之則盡去其皮。又于口中暖之，逡巡爛嚼，和津液如乳汁頓嚥。但日日如法食之，一年必换血，令人輕健安泰。龕遜遂日日食之，至今老而輕健，年踰從心，猶多著述。

旌節花

王侍中處回嘗于私第延接布素之士，蓋欲尋藥術神仙之道，從蜀主之所好也。一旦，有道士龐眉大鼻，布衣繿縷，山童從後，造謁王公。于竹葉上大書：「道士王桃枝奉謁。」王公從容置酒，觀其談論，清風颯然，甚仰之。因曰：「弟子有志清閒，思於青城山下致小道院居住。」道士曰：「未也。」因之山童處取劍，細點階前土，廣尺餘，囊中取花子種之，令以盆覆于上。逡巡去，盆花已生矣。漸隨日長大，形長五尺以來，層層有花，爛然可愛者兩苗。道士曰：「聊以寓目適性，此仙家旌節花也。」王公命食，不湌，唯飲數盃而退，曰：「珍重。善爲保愛。」出門旋失所之。後王公果除二節鎮方致仕。自後往往有人收得其花種。

牧豎閒談

景焕　撰

知邛州事龔頴，建溪人也，則真君之遠孫。真君昇天之後，涣嘗病耳。龔曰：「恨蜀中無紫粉爲子修藥，餌之立差。」因以尋常紫粉獻之，龔笑曰：「非是此物。」言紫粉則蘇枋樹間自然蟲糞也。是則涣錯認紫粉五十年矣。

元和中，成都樂籍薛濤者，善篇章，足辭辨，雖無風諷教化之旨，亦有題花咏月之才，當時乃營妓之中尤物也。元稹微之知有薛濤，未嘗識面。初授監察御史，出使西蜀，得與薛濤相見。自後元公赴京，薛濤歸浣花。浣花之人多造十色彩牋，于是濤别摸新樣小幅松花紙，多用題詩，因寄獻元公百餘幅。元于松花紙上寄贈一篇，曰：「錦江滑膩岷峨秀，化作文君與薛濤【一】。言語巧偷鸚鵡舌，文章分得鳳凰毛。紛紛辭客皆停筆，箇箇郎君欲夢刀。别後相思隔烟水，菖蒲花發五雲高。」薛嘗好種菖蒲，故有是句。蜀中松花紙、金紗紙、襍色流沙紙、彩霞金粉龍鳳紙，近年皆廢，惟十餘年，綾紋紙尚在。

近年有皇華奉命來至蜀中，偶畜一子母胡孫，似有靈性【二】。一日晴照人【三】，繫于庭樹。胡孫方玩其子次，忽有鳶飛下，搏去其子，止于舍上，對其母啄其腦，食其髓。胡孫遥見，呼叫淚下，三日不食，哀鳴不已。人皆閔之，且解其絆。胡孫徑于厨中取肉一片，戴

校勘記

【一】化作文君與薛濤　「與」，宛委山堂本作「及」。

【二】似有靈性　「性」，宛委山堂本作「怪」。

【三】一日晴照人　宛委山堂本「晴」下有「色」字。

于頭上，往中庭坐，似有所伺。逡巡，鳶果至搏其肉，胡孫兩手捉住，便撦擘其翅，急齧其腦，食其髓。衆人甚爲快意。猢孫復來將上京去。

真菊野菊

蜀人多種菊，以苗可入菜，花可以藥，園圃悉能植之。闤闠中賣，無所不可。郊野之人多采野菊供藥肆，頗有大誤。真菊延齡，野菊瀉人。如張華言「黄精益壽，鉤吻殺人」。【四】

髮長五尺

李山甫美姿容，髮長五尺餘。凡沐後，令二婢捧金盤承而梳之。有客造焉，見理髮趨出。疑其婦，山甫連呼，方悟也。

狗經

貞白先生陶弘景云：裴真君好養白犬、白鷄，犬名白靈，鷄名白精。學道之士或居山林，此可闢邪。《狗經》言：「人家養犬純白者兇。」真君所言故非謬誤，《狗經》所説，民庶之家是也。

【四】本則及以下四則皆出自《類説》。

夢吞金龜

劉贊文思甚遲，乃懇祝干象乞文才。一夕，夢吞金龜如錢許，自後大有文思。孟氏朝爲學士，有《玉堂集》。一日吐金龜投水中，不久而卒。

施食

陳元植好施食陰隲，禽蟲悉惠焉。每食金原之上，百鳥前後飛鳴。一夕，夢緋衣人曰：「爾有陰德及物，壽本不逾四十，延至九十九歲。」

江南録

佚名撰

江州陳氏，元和中給事中陳京之後也。長幼七百口，畜僕妾，上下姻睦，人無間言。每食，必群坐廣室，未成人者，别爲一席。有犬百餘，亦置一舡共食，一犬不至，群犬亦皆不食。建書樓于别墅，延四方之士，肄業者多依焉。鄉里率化，争訟稀少。

江南後苑有石如宫髻，張佑舊物也。上有杜紫微杭州刊字，以寄張佑云。

傳載

贊寧　撰

越中禹志者，即高松數十株參天，遠望無不見，故郡人謂之禹志也。實巡狩至會稽殂落【一】，葬於此陵，今與山爲一體，皆變爲石矣。故《漢書》云：「禹葬會稽，不改其列。」註爲：「不改松木【二】，百物之列也。」祠後窆石存焉，即古之縣封碑之濫觴也。今疑謂爲禹志即夏帝陵耳。且三王之世無山陵名，至秦爲山，漢爲陵，後兼二爲名。若然者，古之志即今之陵也。

福州王氏有國，閩土人言音詭異，呼兩浙爲東麂，亦不詳其字義。第三主延鈞時，忽野麂自東門奔入，報達知鈞，曰：「寡人土疆不可屬東麂去。」鈞遇害，子又去國，延義身害國亡，至季達乞内附，果符歸我。始初言東麂，或作年紀之紀，自己之己，至獸麂，入字方定。

彭城漢宏自廣明癸卯中，潛訓兵屠錢唐，差温牧、朱褒排海艦於赭山海口。武肅王率阮結成及鐸、聞衮、杜建徽、郎瑤，將議夜往襲西陵。武肅請啟行【三】，劉孟安懼功不及己，抽駐半軍。武肅王率諸將出南雍門，無何，月色皎然，且言：「掩其不備，脱或彼軍覆伏待我，則無噍類矣【四】。」遂掬江沙誓之曰：「我苟必破叛徒，天合助順。」言訖吞之。未幾，東南雲起如箕，逡巡彌布，漸至掩月，江天瞑黑。急棹而渡，登岸，輕掩賊軍，夏公順、

校勘記

【一】實巡狩至會稽殂落　「實」，宛委山堂本作「禹」。

【二】不改松木　「木」，宛委山堂本作「栢」。

【三】武肅請啟行　「武」原闕，「請」原作「清」，據宛委山堂本改補。

【四】無噍類矣　「噍」原闕，據宛委山堂本補。

陳公正、孫瓌、徐度諸將悉降。大軍長驅至西小江【五】，與宏軍夾水而陣。頻日戰勝。前進圍城，駱朱闕、黄朱牧皆先降。乙巳年，敕小將軍焦居璠【六】、和諭罷兵。光啟丙午歲，再征而取越，越平【七】。隴西公權知觀察處置，武肅王遂權知杭州事。洎明年，敕使至，授本州刺史、管内招討安撫等使，始有吾國矣。

董表儀家在沙河塘東【八】。嘗欲徹屋掘土【九】，陰陽人云：「太歲居此方，不可興工。」既而掘深三尺許，得肉塊漫漫然。董惡之，投諸河，後亦無禍。

唐光啟中，潤州大荒亂。有居民家蓄米絶多，可一斗五百文，先定價。後人擁候開倉，倉中悉化爲小螺子，人皆驚怪。有收盛分去者，至今有收得此螺子，愚亦曾見。

武肅王欲於錢塘江捍堤，苦於怒濤所擊。遂搆思爲詩祝之，意如假借【一〇】。明日愈攻西岸。王憤發【一一】，於壘雪樓架三百弩射之，潮頭爲之斂去。便命下石籠樹巨木，其塘遂成。

江西鍾氏既滅，第二十子匡範同母氏遂歸於國城。武肅王優禮，居通越驛。範獻雲鶴通天離水犀帶一【一二】，云：「本玄宗御玩，遺在西川。川客獻傳，常寶之。」又獻玉盂，嘗覆五雀雛於盂下，熾炭久燒，火退揭看，雀雛飛矣。武肅王回帶，賜錢二萬緡。因登碧波亭，命之試驗，方繫行，水開七尺許，至瑞石山上岸，大爲驚賞。

湖州自李師悦薨後，高彦爲牧。天祐丙寅卒，武肅王以其子澧嗣之。澧性麄暴，括諸

【五】長驅至西小江　「西小江」，宛委山堂本作「小西江」。

【六】焦居璠　「焦」，宛委山堂本作「其」。

【七】越平　「越」原闕，據宛委山堂本補。

【八】董表儀家在沙河塘東　「沙」，宛委山堂本作「江」。

【九】嘗欲徹屋掘土　「徹」原作「撤」，據宛委山堂本改。

【一〇】遂搆思爲詩祝之意如假借　「詩祝之意如假借」，宛委山堂本作「下沉之計而江濤」。

【一一】王憤發　「王」原闕，據宛委山堂本補。

【一二】範獻雲鶴通天離水犀帶一　「天」原闕，據宛委山堂本補。

縣民，户三丁抽一，立都額，爲三丁軍。因人言三丁軍思鄉圖反，澧召聚，一時斬戮。初州南有漁人採捕，至一高塘，蘆葦夾道。漁者捨舟，行百餘步，見一大古宅。登堂，見一人頭荷鐵爐，炎炎火起。呼漁人曰：「汝勿奔走，寄語澧。吾是黄巢，天遣吾誅戮天下。爲不入湖州，藉汝之手速殺人。」

武肅王創業艱難，人所知矣。恒以危枕而寢，稍睡濃，枕偏則寤。嘗時詣諸院孫敏利者【一三】，老姥，監直更廳。一宵，銀枝燈有大蜥蜴沿油缸而噏，視之將竭，倏然不見，亦不爲意。明日王曰：「昨夢飲麻膏充腸而飽，是何祥也。」宫中或有對者，王微哂而已。

武肅王天祐丙寅，思欲拓捍海塘。先是江心有石，即秦望山脚横截波濤中出崔巍。然時商旅船到此，强爲風濤所困而傾覆，遂呼此爲羅刹石。我國八月既望，必迎潮設祭，必運樂又鼓舞於此上。尋命更呼鎮江石。開平已來，沙漲，遂作木欄圍頂，今亦存焉，今祭江亭是也。

【一三】嘗時詣諸院孫敏利者　「時詣」，原作「輸錯」，據宛委山堂本改。

高昌行紀

王延德 撰

初自夏州歷玉亭鎮。次歷黄羊渡，沙磧無水，行人皆載水。凡二日至都囉囉族，漢使過者遺以財寶，謂之打當。次歷第女喎子族，族臨黄河，以羊皮爲囊，吹氣實之，浮於水，或以橐駝牽木栰而渡。次歷茅女王子開道族，行入六窠砂，砂深三尺，馬不能行，行者皆乘橐駝。不育五穀，砂中生草名登相，收之以食。次歷樓子山，無居人；行砂磧中，以日爲占，旦則背日，暮則向日，日中則止，夕行望月，亦如之。歷卧梁劾特族地，有都督山，唐回鶻之地。次歷大虫太子族，族接契丹界，人衣尚錦繡，器用金銀，馬乳釀酒，飲之亦醉。次歷屋地因族，蓋達于于越王子之子。次至達于于越王子族，此九族達靼中猶尊者。次歷拽利王子族，有合羅川，唐回鶻公主所居之地，城基尚在。有湯泉之地，傳云契丹舊爲回鶻牧牛，回鶻徙甘州，契丹、韃靼遂各爭長攻戰。次歷阿墩族，經馬綜山望鄉嶺，上石庵，李陵題字處。次歷格囉美源，西方百川所會，極望無際，鷗鷺、鳬鴈之類甚衆。次至托邊城，亦名李僕射城，城中首領號通天王。次歷小石州。次歷伊州，州將陳氏其先自唐開元二年領州，凡數十世，唐時詔敕尚在。地有野蠶生苦參上，可爲錦帛。有羊尾，重者三觔，小者一觔，肉如熊白而甚美。又有礪石，剖之得賓鐵，謂之喫鐵石。又生胡桐樹，經雨即生胡桐律。次歷益都。次歷納職城，在大患鬼魅磧之東南，望玉門關甚近。無水草，載糧以行，凡三日，息鬼谷口避風驛。用本俗法試茶，出詔神禦風，風乃至。凡八日，至驛田寺。高昌聞使至，遣人來迎。次歷地名寶莊，又歷六鍾，乃至高昌。高昌即西州也，其地南距于闐，西南距大食、波斯，西距西天步露、涉雪山、葱嶺，皆數千里地。無雨雪而極熱，每盛暑，居人皆穿地爲穴，以處飛鳥，羣萃河濵，或起飛則爲日氣所爍，墜而傷翼。屋宇覆以白堊。開寳三年，雨及五寸，即廬舍多壞，有水出金嶺，導之周繞國城以溉田園，作水磑，地産五穀，惟無蕎麥。貴人食馬，餘食羊及梟鴈。樂多琵琶、箜篌。出貂鼠白氎、綉文花蘂布。俗好騎射。婦人戴油帽，謂之蘇幕遮。用開皇七年曆，以三月九日爲寒食，餘二社、冬至亦然。以銀或鍮石爲筒貯水，激以相射，或以水相潑爲戲，謂之壓陽氣去病。好游賞，行者必抱樂器。佛寺五十餘區，皆唐朝所賜額。寺中有《大藏經》、《唐韻》、《玉篇》、《經音》等。居民春月多羣聚，遨樂於其間。游者馬上持弓矢射諸物，謂之禳災。有勑書樓，藏唐太宗、明皇御札、詔勑，緘鎖甚緊。復有摩尼寺，波斯僧各持其法，佛經所謂外道者也。所統有南突厥、北突厥、大衆熨、小衆樣、磨割禄、黠戛司、末蠻、格哆族、豫龍族之名甚衆。國中無貧民，絶食者共賑之。人多壽考，率百餘歲絶無夭死。時四月，師子王避暑於北庭，以其舅阿多于越守國。先遣人致意於延德曰：「我王舅也，使者拜我乎？」延德曰：「特朝命而來，禮不當拜。」復問曰：「見王拜乎？」延德曰：「禮亦不當拜。」阿多于越復數日始相見，然其禮頗恭。師子王邀延德至其北庭，歷交河州，凡六日，至金嶺口，寶貨所出。又兩日，至漢家寨。又五日，上金嶺，過嶺即多雨雪。嶺上有龍堂刻石記云小雪山也。嶺上有積雪，行人服毛罽度嶺。一日至北庭，憩高臺寺。其王烹羊并馬以具膳，尤豐潔。地多馬，王及王后、太子各養馬，牧放於平川中，彌亘百餘里，以毛色分別爲羣，莫知其數。北庭川長廣數千里，鷹、鷂、鵰、鶻之所生。多美草，下生花砂鼠大如兔，需鷙禽捕食之。其王遣人來言：「擇日以見使者，願無訝其淹久。」至七日見其主。王及王子、侍者皆東向拜受賜。旁有持磬者，擊以節拜，王聞磬聲乃拜。既而王之兒女、親屬皆出羅拜以受賜。遂張樂飲宴，爲優戲，至暮。明日，泛舟於池中，池四回作鼓樂。又明日，游佛寺曰應運泰寧之寺，貞觀十四年造。北庭北山中出硇砂，山中常有煙氣涌起，而無雲霧。至夕，光焰若炬火，照見禽鼠皆赤。采硇砂者，著木底鞵，若皮爲底者即焦。下有穴，生青泥，出穴外即變爲砂石，土人取以治皮。城中多樓臺、卉木，人白皙端正，性工巧，善治金、銀、銅、鐵爲器，及攻玉。善馬直絹一疋，其駑馬充食者纔直一丈。貧者皆食肉。西抵安西，即唐之西境。七月，令延德先還其國，其王九月始至。亦聞有契丹使來，使缺唇，以銀葉蔽之，謂其王云：「聞漢遣使入韃靼，而道出王境，誘王窺邊，宜早送至韃靼，無使久留。」因云：「高敞本漢土，漢使來覘視封域，將有異圖，王當察之。」延德偵知其語，因謂王曰：「人之素不順于國，今乃反間，我欲殺之。」王固勸乃止。自六年五月離京師，七年四月至高昌，所歷以詔賜諸番君長襲衣、金帶、繒帛。八年春，與其謝恩使凡百餘人復循舊路而還。雍寧元年四月至京師。延德初至韃靼之境，頗見晉末陷没者之子孫，咸相率遮迎，獻飲食，問其鄉里親戚，意甚悽感，留旬日不得去。

玉堂逢辰録

錢惟演　撰

榮王宮火

大中祥符八年四月二十三日夜，榮王宮火。時大風東北來，五更後火益盛。予起登樓觀之，知是禁中，通夕不寐。未明，東宮六位，一時蕩盡。宮人多走上東華門樓，有出不及者，焚死百餘人。東宮六位：東行，第一雍王，第二相王，第三南陽郡王；西行，第一兖王，第二曹王，第三榮王。西上即連御厨，密近上臺。二十四日，左掖門、東華門並不開，朝者皆趨右掖門。天明，宰相等並立於内東門廊廡之下。既而火至承天門，西燒儀鸞司，復燒朝元殿後閣。西至東上閤、長春殿南廊，拆南北主廊【一】，以絶火勢。火遂南燒内藏庫、香藥庫，又東迴燒左藏庫，又西燒秘閣、史館。午時，燒乾元門東角樓【二】，西至朝堂，救之而止。未時，火出宮城，連燒中書省、門下省、鼓司、審官院。是夕，燒屋舍計二千餘間，救焚而死者千五百人。火至夜不絶，宰臣、樞密、兩制是夕並宿禁中。是時救左藏庫人尤衆，輦出金銀疋帛，莫知其數，積于城墻之上。及燒角樓，風急迴東北，又燒之，烟焰燭天，救者不能措手。初燒長春殿南廊，火自屋内西行，忽隔十餘間而發，人皆奔走避之。所存惟大内及中書、樞密院以西而已。二王

校勘記

【一】拆南北主廊　「拆」原作「折」，據宛委山堂本改；又「南」字，宛委山堂本作「西」。

【二】燒乾元門東角樓　「乾」原作「朝」，據宛委山堂本改。

時無居處，寓于東華門樓，及夕，上召入禁中，明日出居於上原驛。時焚諸庫，香聞十餘里。祕閣、三舘圖籍一時俱盡，又大風中有飄書籍至汴水之南者。中夕風定，火亦止。二十五日，詔知雜王與、中使閻文慶、岑守素勘遺火之蹤。中人說二十四日欲明，火勢漸東來，遂拆御厨主廊，數百人登屋運水，時望見宮人相壓死於煨燼中甚衆，猶有手足能動者。曹王夫人將投火中，救之獲免。宮人入火者不知其數。禁中大樹燒之殆盡，所餘者亦焦枯焉。惟相王宮在東南，火自西北起，王四更破東墻，自率宿衛者運府庫等物出之，十得七八矣。五月三日，榮王落遂州節度使，降封端王。先領梓、遂二州也。其日勘得掌茶酒宮人韓小姐新與親事官孟貴私通，多竊寶器以遺之。後事泄，王乳母將決責之。小姐乃謀放火，因而奔出。有琵琶夫人王大賽者知之【三】，受小姐金而不言。二十三夜，于佛堂前簾上秉炬爇之，時因風，火遂大作。

侍宴

九年正月二十八日，先于閤門賜食。久之，召宰臣、親王、承郎、給諫入玉宸殿賜宴。其日，初入苑。東門至苑中，西南行至一門，百餘步，有小亭，上坐亭中。見訖，穿假山中，南行至大荼蘼架下【四】，賜坐，皆石床。上面南，侍臣東西分列。架下有小水分流，渡于坐石之側。賜酒三行，又南登小山。又有小亭前，上山直至一閣，其上藏太宗御書及史

【三】有琵琶夫人王大賽者知之　「夫」，宛委山堂本作「技」；「大」，宛委山堂本作「木」。

【四】南行至大荼蘼架下　「下」，原作「上」，據宛委山堂本改。

籍，并御製文字，命侍臣更讀之。乃南過小樓，東有閣道，上設緗軸，書《五臣論》等，皆列于壁。自閣道下瞰，皆是梨花夾路如雪，標枝拂于闌檻間。又北行，皆在山上。山逕中設茶具，御坐北即有御製《自誡箴》、《紫牡丹歌》、《風琴詩》、《千葉牡丹詩》等緗軸。却南行至翔鸞閣，小宴賦詩畢，便至流盃亭。皆坐，藉以方褥。流水周繞，御盃載以龍首小舟泛泛而至其次，每一盃，皆舟中一仙人執之而來。又有水嬉千百，其狀龍魚，皆相隨流泛。其饌亦用小舟，一胡人捧盤而來，周徧乃止。酒數行，乃登象瀛山，峯巒峻拔，其上珍木異花聚萃相映。山北址有響石，上製《響銘》在焉，山下亭中，有石水臺，水中朱書《誡酒銘》。又諸石筍、石壁之上皆朱書御詩。至此徧觀，賜茶而出，憩于幄次【五】。少頃，又召入，復穿一石橋，跨小池之上，覆以荼蘼架。此處又有大橋，交蔭花卉千品，遂至玉宸殿，遍觀。東一室中有碑文，又東有石紀，未暇讀，乃宣侍坐，命酒于殿内，七盃而罷。其日惟黄門小樂二十餘人，行酒者皆中使也，閤門使、教坊並不預焉。蓋深嚴之地，非人間矣。乃出，侍臣皆醉焉。

【五】憩于幄次　「幄」，原作「屋」，據宛委山堂本改。

校勘記

家王故事

錢惟演　撰

隆遇

先臣開寶九年二月入朝。一日，太祖召宴後苑，時惟太宗及秦王侍坐。酒酣，詔先臣與太宗敍兄弟之禮，命中人翼起之。先臣叩頭辭讓，繼之以泣，方得免。先臣太平興國三年入朝，太宗詔赴苑中宴先臣時，獨臣兄安禧王惟濬侍焉。因泛舟于宫池，太宗手奉御盃賜先臣，跪而飲之。明日奉表謝，其略曰：「御苑深沉，想人臣之不到；天顏咫尺，惟父子以同親。」

保護廢王

先臣初爲台州刺史，時伯父廢王倧始嗣立，而宿將胡進思怙權亂政，倧不能容，形于色，言且願殺之。進思懼，乃逼廢倧，而以兵迎立先臣，時晉開運中四年十二月晦也。先臣乙夜至府署，且與進思約曰：「能全吾兄，則敢承命，不然者請避賢路。」進思曰：「諾。」先臣始親事，于是遷倧于越。其後進思違約，日請害倧。先臣譬説百端，進思之請益固。先臣察其必有它變，乃先遣親將薛温者往越爲倧守衛，且誡曰：「是行也，委爾保全廢王，事無大小，皆非吾意，當死扞之。」温即行。進思果夜使二卒持刃踰垣而入倧第，倧闔寢户以拒之，求救之聲聞于外。温領徒而入，斃二卒于廷中。及進思之死，倧獲無恙，開寶中始以疾卒。

大度

先臣鎮東南日，嘗大會賓客，食鱉臛，而庖人因刃傷手，以紙濡血，紙墮食器中。先臣得之，遂藏于袖，且顧左右曰：「無令掌膳者知。」

焚案帳

太平興國中，趙普再入相，盧多遜已罷爲兵部尚書。一日，普召臣兄惟濬到中書，謂曰：「朝廷知盧多遜求取元帥財物甚多，今未亟行者，爲元帥故也，請具所遺之物列狀上之。」辭意重疊，冀在必致。惟濬歸而白之，且曰：「侍中之言，侍中者，趙普也。未必不是上旨。」先臣曰：「上英明，大臣有過，行即自行，何假吾狀？」惟濬懼普，因與寮吏等又堅請曰：「逆侍中意，恐致不測。」先臣知不可已，乃曰：「汝將案帳來，吾與汝審視之。」乃盡取當時所與大臣近密財物之類籍，俟惟濬等退，命取火悉焚之，既而召謂曰：「我受主上非常之恩，是以入朝之初，覩上所顧遇者，皆以金幣爲之土物耳，且非有它求，爲上故也。況侍中而下皆有之，何獨盧相？豈有見人之將溺而又加石焉？汝等少年勿爲此！案籍已焚之，禍福吾自當之。」惟濬等惕息而退。後果知其事非太宗意焉。

先公談録

李宗諤 撰

宗諤一毛之年，丁先公憂。既卒哭，朋友勉以毀不滅性之道，雖苟延殘喘，素無以度於朝夕，因之録先公昔所嘗談，號泣而書焉。總而謂之曰《先公談録》，第三男宗諤序。

先公嘗言：座主王公，翰林學士、户部侍郎王仁裕也。知舉時已年高，有數子皆早亡，諸孫並幼。每諸生至門，必延於中堂。公與夫人偶坐，夫人歐陽氏。受諸生拜，一如兒孫禮。然後備酒饌，命諸生侍坐。至于餅餌羹臛之物【一】，皆公與夫人親手調品，以授諸生，甚於慈母之視嬰兒也。公文章之外，尤精音律，至酒酣，則盡出樂器，自取小管吹弄，諸生有善絲竹者，亦各使獻其能，或間以分題聯句，未嘗不盡歡焉。忽一日，生徒畢集，出一詩版懸于客次曰：「二百一十四門生，時并明經、童子二百一十四人，故禮部侍郎賈黄中即童子榜頭也。春風初長羽毛成。擲金换得天邊桂，鑿壁偷將榜上名。何幸不才逢聖世，偶將疎網罩羣英。衰翁漸老兒孫少，異日知誰畧有情？」公後有一孫名全禧，終於緜州西昌令；一女適河東薛氏，甚賢明，余亦忘矣【二】。

校勘記

【一】至于餅餌羹臛之物　「至」原闕，據宛委山堂本補。

【二】余亦忘矣　宛委山堂本作「今亦亡矣」。

君臣

先公致政之明年，正月望夜，上御乾元門觀燈，召公預焉。初夕樂作，酒三行，上起憑闌，四顧見燈燭士庶之盛。詔移先公邇御坐，别賜一榻在丞相上。上自取御尊斟酒，并親授果餌，因顧問先公晉、漢朝舊事。久之，聖意甚懽，謂左右曰：「帝都人物駢闐，里閈闊遠，非復昔時之隘陋也。若方之晉、漢，繁富百倍矣。此惟李某宿舊尚可記耳。」上又目先公，語侍臣曰：「李某可謂善人君子，侍朕二十年，兩在相位，未嘗有傷人害物之事，餘可知矣。」先公但俯伏拜謝，至中夜方退。先公歸謂諸子曰：「吾雖名筮仕僅五十年，内省生平所爲，雖不能建奇功異勳以耀簡册，然不蔽人之善，不忌人之進，度德守分，不媿屋漏。今聖君獎拔兩至相位，又保全老朽；今退其身，又顧盻恩意，益厚于往昔；又對羣臣目之爲善人君子。惟四者有一，亦足爲幸；吾何人哉，而享是具美者！昔仲尼有言曰：『善人，吾不得而見之矣。』又謂子夏曰：『汝爾爲君子儒。』又目季札曰：『有吴延陵君子。』是知善人君子乃男子極美之稱耳，而金口獎論，曲加于老臣，吾何以稱之？古人受一言之知，尚思殺身以報，況辱斯言哉！爾曹勉勵忠孝之節，思聖君之所言，念吾身之所行，則無忝爾父矣。」

先公休致之明年，年七十一，思欲繼白樂天洛中九老之會。時吏部尚書宋公琪年七十九，左諫議大夫楊公徽年七十五【三】，郢州刺史、判左金吾衛事魏公丕年七十六【四】，太常少卿致仕李公運年八十，水部郎中、直秘閣朱公昂年七十一，廬州節度副使武公允成年七十九，太子中允致仕張公好問年八十五【五】，吴僧家左講經首座贊寧年七十八，并公九人，欲會於家園，合爲九老之會。已形於歌咏，布在人口，適會蜀寇作亂，朝廷方議出師，繇是不成會而罷。

王太保每天氣暖和，必乘小駟，從三四蒼頭，攜照袋，貯筆硯、《韻略》、刀子、牋紙並小藥器之類。照袋以烏皮爲之，四方有蓋並襻，五代士人用之。

相國王溥二十六狀元及第，三十二拜相，四十二以一品罷相歸，班行猶在具慶下。每先太傅見客，王公以前宰相侍側，略無惰情容，坐客以不安席，引去者甚衆。

仕宦忌太速

先公少多病，灸灼殆無完膚，故從伯趙相國謂曰：「大凡壯年仕宦，忌於太速，肌體患在太豐，覬子氣實神深，雖體中多疾，不足慮也。」【六】

起復佩魚

先公周顯德末翰林學士起復，裹素紗軟脚襆頭慘紫。公服每日入朝，猶佩魚袋。或

【三】左諫議大夫楊公徽年七十五　「徽」原作「徽之」，據宛委山堂本及《宋史》卷二六五《李昉傳》改。

【四】判左金吾衛事魏公丕年七十六　「丕」原作「下」，據宛委山堂本及《宋史》卷二六五《李昉傳》改。

【五】太子中允致仕張公好問年八十五　「好問」原作「允成」，據《宋史》卷二六五《李昉傳》改。

【六】本則及以下六則收録於《類説》。

曰：「魚袋者，取事君夙夜匪懈之義，然以金爲飾，亦見其華也。居喪奪情，不當有金寶之飾。」公遽謝不敏。

升堂拜宰相父母故事

丞相如在具慶或偏侍，百官就私第請謁，必先通起居方見丞相，事分深者皆升堂拜，如不升堂，亦須向北遥拜，近日少行此禮。

麄官

唐士大夫重内輕外，任方面者目爲麄材。張燕公愧無通材供國麄使，薛許昌謝人惠茶詩云：「麄官乞與真抛棄，賴有詩情合得嘗。」王彦威仕元和間爲太常博士，累官至大僚，其詩云：「貔貅十萬擁雄師，正是酬防報國時。汴水波濤喧鼓角，隋堤楊柳拂旌旗。前驅紅旆關西將，坐列青娥趙國姬。爲報長安冠蓋道，麄官到防是男兒。」彦威時爲宣武節度使。

竇氏五龍

諫議大夫竇禹鈞子五人，俱進士及第。馮道詩云：「燕山竇十郎，教子有義方。靈椿一株老，丹桂五枝芳。」時號竇氏五龍。

見客問三事

李昉爲相，每見客必問三事：民間有何疾苦，爲政有何術業，時政有何缺失。

尚書裏行

舊語太常不是卿，秘書不是監，以其職器清重，不與他卿監比也。先公爲翰長，以病求爲大蓬，又太常卿在六尚書下，與丞郎同幕次，謂之尚書裏行。

諫議謂之坡

唐諫議大夫班在給舍之上，一遷爲給事中，又遷爲舍人，有自他官爲諫議者，班給舍上。班中戲語「饒陟上坡卻下坡」，言遷給舍卻在下也。【七】

【七】本則收録於《紺珠集》。

湖湘故事

陶岳　撰

徐仲雅題合歡牡丹云：「平分造化雙包去，拆破春風兩面開。」

羅漢條後洞有草，蔓結如帶，長丈餘，附木而生，相傳謂之羅漢條。畢田詩云：「五百移栖絶洞深，空留轍跡杳難尋。緑絲條帶何人施，長到春來掛滿林？」

湖南馬氏作會春園，開宴，徐東野作詩，有數聯爲當時所稱，云：「珠璣影冷偏粘草，蘭麝香濃却損花。」「山色遠堆羅黛雨，艸梢春戛麝香風。衰蘭寂寞含愁緑，小杏妖嬈弄色紅。」

蔣維東字孟陽，零陵人，旅中書懷云：「未有一夜夢，不歸千里家。」

段成式與温庭筠詩序云：「予在九江造雲藍紙，輒送五十板。」

楚僧惠崇工詩，於近代釋子中爲傑出，如「河分崗勢斷，春入燒痕青」；「陰井生秋早，明河轉曙遲」；「香淺冰生井，宵分月上軒」；「掩門青檜老，出定白髭長」；「浪經蛟浦濶，出入鬼門寒」。可謂去唐不遠。

洞微志

錢易　撰

太平興國中，李守忠爲承旨，奉使南方，過海至瓊州界，道逢一翁，自稱楊遐，年八十一，邀守中詣所居，見其父曰叔連【一】，年一百二十二，又見其祖曰宋卿，年一百九十五。語次，見梁上一鷄窠中有一小兒頭下視，宋卿曰：「此吾七代祖也。不語不食，不書其年。朔望取下，子孫列拜而已。」

顯德中，齊州有人病狂，每歌曰：「踏陽春，人間二月雨和塵。陽春踏盡秋風起，腸斷人間白髮人。」又歌曰：「五雲華蓋曉玲瓏，天府由來汝腑中。惆悵此情言不盡，一丸蘿蔔火吾宮。」後遇一道士，作法治之，云：「每見一紅衣小女引入宮殿，皆紅，多不知名，小姑令歌。」道士曰：「此正犯大麥毒，女即心神，小者，脾神也。按醫經：『蘿蔔治麪毒』，故曰『火吾宮』。」即以藥兼蘿蔔食，其疾遂愈。

有術士于腕間出彈子三丸，皆白色【二】，叱令變，即化雙燕，飛騰鳴呶。又令變，即化二小劒交擊，須臾復爲丸入腕。

汴都之南百餘里有周令公墓，墓前一石人能爲怪，人或過之，多稱魯校書，或云石押衙【三】。

校勘記

【一】見其父曰叔連　「見」原作「居」，據宛委山堂本及《紺珠集》改。

【二】皆白色　「白」，宛委山堂本、《紺珠集》、張宗祥校記作「五」。

【三】多稱魯校書或云石押衙　「校」原作「枝」，據宛委山堂本改；又「石」原闕，據宛委山堂本及《紺珠集》補。

僧辨聽于五臺將還京師，寺有老僧託以書，其上題云「東京城北尋勃賀分付」。僧竊啓封視之，云：「度衆生畢，早來。苟更强狂，却恐造業。」復封之。乃至京，詢訪不見其人。一日，于五丈河側【四】，見一小兒逐一大猪，名勃賀，僧問之，云：「屠者趙氏之猪，能引羣猪，令不亂，遂受婆何，故以名。」僧試呼其名，以投之，猪遂持其書，人立而化。僧又經五臺，訪老僧，亦化去矣。

虞部郎中周仁得監永豐倉，有通謁者進士吕厶【五】，及見之，如十歲小兒，出一啓以爲贄。仁得閲之，有「莊周之壑已空，孔緒之車適得」，又問孔氏之車出何書，乃厲聲呼仁得父祖名，化爲大鼠，入倉。

盧多遜未第時，面極黑。有相者告曰：「此名敗土色，貴即明潤，復來，必多災。」多遜歷貴仕，面色甚瑩。將敗數日，忽暗黑如故。

有人喜食野物，捕鴉雛之未毛者【六】，以油塗之，復至窠中，至大肥取食之，號鴉狏。後其妻産一物，正如其狀。

盧絳夢曲

盧絳夢白衣女子以甘蔗兩盤遺絳，絳食其一。女子曰：「若食盡，終享富貴。」乃歌《菩薩蠻》曲云：「玉京人去秋蕭索，畫簷鵲起梧桐落。欹枕悄無言，月和清夢圓。背燈

【四】于五丈河側　「丈」原作「大」，據宛委山堂本、《紺珠集》、張宗祥校記改。

【五】有通謁者進士吕厶　「厶」，宛委山堂本作「中」。

【六】捕鴉雛之未毛者　「捕」原作「挨」，據宛委山堂本改；又「未」原闕，據宛委山堂本、張宗祥校記補。

惟暗泣，甚處砧中急？眉黛遠山攢，芭蕉生夢寒。」絳問何人，曰：「姓白。後當於子固子陂相見。」絳爲江南李後主將，被誅子固子陂，其行刑者乃果白姓也。【七】

妙花

有鄭超維者，洛人，赴官西蜀，道遇田參軍與俱行，田多聲妓，臨别，以一人贈鄭，名妙花，甚美麗。鄭罷官赴調京師，復見田參軍者，問妙花，且云居西蜀。鄭後歸里，妙花告别曰：「某非人，乃狐耳。」問田參軍者，亦狐也，將復問田君。鄭送郊外，化爲狐而去。

【七】本則及下一則收録於《紺珠集》中。

野説

邵思　撰

江南二徐，大儒也。鉉爲吏部尚書，鍇爲中書舍人。後主岐王六歲時【一】，戲佛像前，有大琉璃缾爲猫所觸，判然墜地，因驚得疾薨。鍇爲王墓志，兩日矣，鉉曰：「受命撰文，當早爲之。」鍇曰：「文意雖不引猫兒事，此故實，兄頗記否？」鉉因取紙筆數疏之，不過二十事。鍇曰：「都未也，適已憶七十餘事。」鉉曰：「弟今大能記。」明旦又云：「夜來復得數事。」兄撫掌而已。

太宗皇帝嘗内出古畫三百軸，雜以山川、人物、鳥獸、花木，糊其名氏，詔參政賈黄中、直舍人院張洎【二】、直秘閣刁衎各領一百軸，不同日而給，謂曰：「卿可分高下等第進來。」刁得之，尋以品藻。一日參政退朝，召刁衎曰：「聖旨出畫一百軸令觀。某于此藝未嘗經心，學士多能，幸與銓決。」既而盡辨之。他日舍人亦召刁衎，出畫如賈所説。盡踰月，相次進納，備言郡國所畫，復以九品第之。上覆視，與舊題不差，大喜曰：「卿何爲各能旌別？」二臣對曰：「臣等不曉繪事，俱是刁衎所定。」秘閣由是擅博議之名焉。

開寶八年十一月二十七日夜半，金陵城陷，大軍將入，予六歲矣。父母昆弟十三人，空宅號泣而出，未知匿藏之所，天漸明，行至廣濟倉北角姑之子張成家，見父母泣，且言

校勘記

【一】後主岐王六歲時　「岐」原作「政」，據宛委山堂本改。

【二】直舍人院張洎　「直舍人院」原作「直院舍人」，據宛委山堂本乙正。

曰：「兵至矣，去將安適？此有梯可踰垣入倉，大軍若來，必不燒倉。成家老小率相隨而度入，度訖毀梯，勿使人覺。」父異其言，骨肉由是皆入。既而成欲去梯，父曰：「不可也。我與汝即免，後人若何？但留之俾來者，得踰垣則衆皆濟矣。」于是果有人沿梯而上，復有駕舁而登者，父乃與仲氏取倉中官梯兩隻擲于外。至卯辰間，大軍既入，火照臺城。少頃，果有百餘甲士持赤幟立于墻外，實守倉厫。是則張成所謀，蓋得濟者衆，由父不使去梯而又益之者。二十八日招安城中，固多殺虜，惟此間老幼近二千人獲全云。

建康瓦官寺閣，晉哀帝時造，逶迤精巧，甲于江左，年代寖遠，西南角久已欹側。唐明皇開元九年七月十一日，江淮大風拔木，是夜因風雨自正。閣上有寶記在壁間說此事。大宋開寶八年十一月二十七日，尅復之際，爲兵火所焚，時已五百八十餘載矣。明年，有客自東海來，言是夕雪中天上有光自西南引一閣來北去，聞鐘梵鼓樂之音云。瓦官寺本名昇號禮崇寺。

周世宗已得淮南，李後主令侍中林仁肇出鎮武昌，倚爲長城可知矣。未幾而太祖受命，太祖欲先取上游，兵帥多憚仁肇，未即遣之。于時後主弟齊王逵質于闕下。太祖嘗密令親信行班武昌僧院，竊取仁肇全身真容，既至，掛于便殿，召齊王觀之，曰：「卿識此人不？」對曰：「臣不識，然有類臣江南林仁肇。」上曰：「正是耳。近有表并進此像，言相次歸朝，朕將遣使迎之。」齊王不省其謀，亟使人間行歸白其事。由是君臣猜惑，仁肇不明而卒。

亡國之音信然，不止《玉樹後庭花》也。南唐後主精于音律，凡變曲莫非奇絶。開寶中，因將除自撰《念家山》一曲，既而廣爲《念家山破》，其讖可知也。宫中民間日夜奏之，未及兩月，傳滿江南。蓋李氏將亡，雖聰明睿智，不能無感其怨，于今音尚在焉。

趙后遺事

秦醇 撰

余里中有李生，世習儒術，而業甚貧。余嘗過其家，墻角一破筐藏古抄書數十册，中有《趙氏瑣事》，雖紙墨脱落，尚可觀覽。余就李生乞之以歸，補正編次成篇，傳諸好事者。

趙后腰骨尤纖細，善踽步行，若人手執花枝顫顫然，他人莫能學也。在主家時，號爲「飛燕」。入宫後，復引援其妹，得幸爲昭儀。昭儀尤善笑語，肌骨秀滑。二人皆天下第一色，色傾後宫。

自昭儀入宫，帝益希幸東宫，昭儀居西宫。后日夜欲求子爲自固久遠計，多用小犢車載年少子與通。帝一日惟從三四人往后宫，后方與人亂，不知也。左右急報，后驚，遽出迎帝。冠髮散亂，言語失度，帝因亦疑焉。帝坐未久，復聞壁衣中有人嗽聲，帝乃去。由是帝有害后意，以昭儀故，隱忍未發。一日，帝與昭儀方飲，帝忽攘袖，瞋目直視昭儀，怒氣怫然不可犯。遽起避席，伏地謝曰：「臣妾族孤寒，下無强近之親，一旦得備後庭驅使之列，不意獨承幸御，濃被聖私，立於衆人之上，恃寵邀愛，衆謗來集。加以不識忌諱，冒觸威怒，臣妾願賜速死，以寬聖抱！」因涕淚交下。帝自引昭儀曰：「汝復坐。吾語汝：汝無罪，汝之姊，吾欲梟其首、斷其手足、置溷中，乃快吾意。」昭儀曰：「何緣而得罪？」帝言壁衣中事。昭儀曰：「臣妾緣后得備後宫，后死則妾安能獨生？況陛下無故而殺一后，天下有以窺陛下也。願得身實鼎鑊、體膏斧鉞。」因大慟，以身投地。帝驚，遂起持昭儀曰：「吾以汝之故，不害后，第言之耳，汝何自恨若是？」久之，昭儀方就坐，問壁衣中人。帝陰窮其迹，乃宿衛陳崇子也。帝使人就其家殺之，而廢陳崇。昭儀往見后，言帝所言，且曰：「姊曾憶家貧，寒飢無聊，姊使我共鄰家女爲草履，入市貨履市米。一日得米歸，遇風雨，無火可炊，飢寒甚，不能成寐，使我擁姊背同泣。此事姊豈不憶也？今日幸富貴，無他人戕我而自毁敗，或再有過，帝復怒，事不可救，身首異地，爲天下笑。今日妾能拯救也，存殁無定，或爾妾死，尚誰攀乎？」乃泣涕不已。后亦泣焉。自是帝不復往后宫，承幸御者，昭儀一人而已。

昭儀方浴，帝私窺之。侍者報昭儀，昭儀急趨燭後避。帝瞥見之，心愈眩惑。他日昭儀浴，帝默賜侍者，特令不言，帝自屏罅覘。蘭湯灩灩，昭儀坐其中，若三尺寒泉浸明玉。帝意思飛揚，若無所主。帝常語近侍：「自古人主無二后，若有，則吾立昭儀爲矣。」后知昭儀以浴益寵幸，乃具湯浴請帝以觀。既往，后入浴，裸體而立，以水沃之。后愈親近，而帝愈不樂，不幸而去。后泣曰：「愛在一身，無可奈何！」

后生日，昭儀爲賀，帝亦同往。酒半酣，后欲感動帝意，乃泣數行下。帝曰：「他人對酒而樂，子獨悲，豈有所不足耶？」后曰：「妾昔在主宫時，帝幸其第，妾立主後，帝視妾不移目甚久，主知帝意，遣妾侍帝，竟承更衣之幸。下體常污御服，妾欲爲帝浣去【一】，帝曰：『留以爲憶。』不數日，備後宫。時帝齒痕猶在妾頸，今日思之，不覺感泣。」帝惻然懷舊，有愛后意，傾視嗟歎。帝欲留，昭儀先辭去，帝遇暮方離后宫。

后因帝幸，心爲姦利，經三月，乃詐托有孕，上牋奏云：「臣妾久備掖庭，先承幸御，遣賜大號，積有歲時。近因始生之日，復加善祝之私，特屈乘輿，俯臨東掖，久侍宴私，再承幸御。臣妾數月來，内宫盈實，月脉不流，飲食美甘，不異常日。知聖躬之在體，夢天日之入懷。虹初貫日，總是珍符；龍據妾胸，兹爲嘉瑞。更約蕃育神嗣，抱日趨庭，瞻望聖明，踊躍臨賀，謹此以聞。」帝時在西宫，得奏，喜動顔色，答云：「因閲來奏，喜慶交集。夫妻之私，義均一體。社稷之重，嗣續其先。任體方初，保綏宜厚。藥有性者勿舉食，無毒者可親。有求上字，勿煩牋奏，口授宫使可矣。」兩宫候問使交至。后慮帝幸，見其詐，乃與宫使王盛謀自爲之計。盛謂后曰：「莫若辭以有娠者不可近人，近人則有所觸焉，觸則孕敗。」后乃遣王盛奏帝，帝不復見后，第遣問安否而已。俯及誕月，帝具浴子之儀。后召王盛入宫中，謂曰：「汝自黄衣郎出入禁掖，吾引汝父子俱富貴無憾。吾爲自利長久計，托孕，乃吾之私意，實非也。已及期，子能爲我謀焉？事成，子萬世有後利！」盛

【一】妾欲爲帝浣去　「妾」，原作「童」，據商務本、四庫本改。

曰：「臣爲后取民間纔生子，攜入宮爲后子，但事密不泄，亦無害。」后曰：「可。」盛訪郭外有生子者，纔數日，以百金取之，以物囊囊之，入宮見后。既發器，則子死，后驚曰：「子死，安用也？」盛曰：「臣今知矣。載子之器氣不泄，此所以死也。臣當穴其上，使氣可出入，則子不死。」盛得子趨宮門，欲入，則子驚啼尤甚，盛不敢入。少選，復攜之趨門，子復如是，盛終不敢攜入宮。盛來見后，言子驚啼事。后泣曰：「爲之奈何？」時已踰十二月矣，帝頗疑訝。或奏帝云：「堯之母十四月而生堯，后所娠當是聖人。」后終無計，乃遣人奏帝云：「臣妾昨夢龍卧不幸，聖嗣不育。」帝但歎惋而已，昭儀知其詐，乃遣人謝后曰：「聖嗣不育，豈日月不滿也？三尺童子尚不可欺，況人主乎！一日手足俱見，妾不知姊之死所也！」

時後庭掌茶宮女朱氏生子，昭儀曰：「從何而得也？」乃以身投地，大慟。帝自持昭儀起坐。昭儀聲呼宮吏蔡規曰：「急爲吾取子來。」規取子上，昭儀語規曰：「爲吾殺之！」規修慮未行，昭儀怒罵曰：「吾重禄養汝，將安用也？不然，吾併戮汝！」規以子擊殿礎死，投之井。後宮宮人孕子者皆殺之。後帝行步遲澀，氣憊不能御女，有方士闓而獻丹。其丹養於火者，百日乃成。先以大甕貯水，滿即下丹水中，水即沸，又易去，復貯新水，如是十日不沸方可服。帝日服一粒，頗能行幸。一夕在大慶殿，昭儀醉，連進十粒。初夜絳帳中擁昭儀，帝笑吃吃不止【二】。及中夜，昏昏不能起坐，向外卧。昭儀急起，秉

【二】初夜絳帳中擁昭儀帝笑吃吃不止　「中擁昭儀帝笑吃吃」八字原缺，據商務本補。

燭視帝，精出如泉溢。有頃帝崩，太后遣人理昭儀，且急窮帝得疾之端，昭儀乃自絶。后居東宮，忽寐中驚啼甚久，侍者呼問方覺，乃言曰：「適吾夢中見帝，帝自雲中賜吾坐，帝命進茶，左右奏帝云：『向日侍帝不謹，不合啜此茶。』吾意既不足，吾又問帝昭儀安在，帝曰：『以數殺吾子，今罰爲巨黿，居北海之陰水穴間，受千歲水寒之苦。』」乃大慟。

後梁時，北鄙大月支王獵如海上，見巨黿出於穴，其首猶貫玉釵，顒望波間，惓惓有戀人之意。大月支王遣使問梁武帝，帝以昭儀事報之。

閒談録

蘇耆　撰

錢氏之有國也，應西湖之捕魚者必日納數斤，謂之使宅魚，有終日不及其數者，必市爲供之，民頗怨嘆。一日，武肅大設一圖，上畫磻溪直鉤之事，武肅指示命羅隱賦詩，應聲曰：「呂望當年展廟謨，直鉤釣國更誰如？若教生在西湖上，也是須供使宅魚。」武肅大笑，自是盡得蠲免。

許王尹京日，因假，奏太宗，求繒帛千疋，以爲服玩之資。上命左右出御衣服數箱示之，曰：「此朕之所服，皆浣濯再矣。汝不知艱苦，但務奢華。況府庫之中，皆非臣之所有【一】，乃四方土貢，萬姓膏血，朕亦與衆共之，豈可以一身而枉費用乎【二】！」終不之賜。是知祖宗儉德，雖漢文之志亦何加焉！

陶尚書穀本姓唐氏，避晉祖名而改焉，小字鐵牛。出《鹿門先生集》序。李相濤出典河中【三】，嘗有書與陶云：「每過中流，潛思令德。」陶初不爲意，細思方悟。蓋河中有張燕公鑄繫柱鐵牛故也。

黄寇之亂，儒生多被擒戮，未暇烹臠者，用一驢駝二人，交縛其足于鞍上，面相向于腹下。有相識同罹此患，乃謂曰：「何不幸相逢此地！」

校勘記

【一】皆非臣之所有　「臣」，張宗祥校記作「朕」。

【二】豈可以一身而枉費用乎　「費」，宛委山堂本、張宗祥校記上有一「加」字。

【三】李相濤出典河中　「濤」，張宗祥校記作「沇」。

晉開運中，馮道方在中書，有人于市中牽一驢，以片幅大署其面曰「馮道」二字，道之親知見而白焉，道徐曰：「天下同名姓人有何限，但慮失驢訪主，又何怪哉？」其大度如此。

重編燕北録

王易　撰

清寧四年戊戌歲十月二十三日，戎主一行起離靴甸，往西北約二百七十餘里【一】，地名永興甸，行柴册之禮。於十一月一日先到小禁圍内宿泊二日。先於契丹官内揀選九人與戎主身材一般大小者，各賜戎主所著衣服一套，令結束。九人假作戎主，不許別人知覺，于當夜子時，與戎主共十人相離出小禁圍，入大禁圍内，分頭各入一帳，每帳内只有蠟燭一條，椅子一隻，並無一人。于三日辰時，每帳前有契丹大人一員，各自入帳列何骨臈，漢語捉認天時也。若捉認得戎主者，宣賜牛羊駝馬各一千。當日宋國大王，戎主親弟。于第八帳内捉認得戎主，番儀須得言道「我不是的皇帝」，其宋國大王卻言道「你的是皇帝」。如此往來番語三遍，戎主方始言是，便出帳來，著箱内番儀衣服畢，次第行禮。先望日四拜，次拜七祖殿木葉山神，次拜金神，次拜太后，次拜赤娘子，次拜七祖眷屬，次上柴籠受册，次入黑龍殿受賀。當日行禮罷，與太后、太叔同出大禁圍，卻入小禁圍内【二】，與近上番儀臣僚夜宴至三更退。四日歇泊，五日卻來靴甸受南朝禮物。小禁圍在大禁圍外東北角，内有氈帳二三座【三】，大禁圍每一面長一百一十步，有氈帳十座，黑氈兵幙七座。大小禁圍外有契丹兵甲一萬人，各執槍刀、旗鼓、弓箭等，旗上錯成番書「旧」字。漢語正「軍」

校勘記

【一】往西北約二百七十餘里　「七」，宛委山堂本作「八」。

【二】卻入小禁圍内　「圍」原作「門」，據宛委山堂本改。

【三】内有氈帳二三座　宛委山堂本「三」下有一「十」字。

字。七祖者，太祖、太宗、世宗、穆宗、景宗、聖宗、興宗也。赤娘子者，番語謂之掠胡奥，俗傳是陰山七騎所得黄河中流下一婦人，因生其族類。其形木雕彩裝，常時于木葉山廟内安置，每一新戎主行柴册禮時，於廟内取來作儀注，第三日送歸本廟。七祖眷屬七人，俱是木人，著紅錦衣，亦于木葉山廟内取到。柴籠之制高三十二尺【四】，用帶皮榆柴疊就，上安黑漆木壇三層，壇上安御帳，當日戎主坐其中，下有契丹臣僚三百餘人。

生産。皇后生産如過八月，先起建無量壽道場，逐日行香禮拜一月。與戎主各帳寢，預先造團白氊帳四十九座，内一座最大，徑圍七十二尺。皇后欲覺産時，於道場内先燒香，望日番拜八拜，便入最大者帳内，其四十八座小帳于大帳周圍放卓，每帳各用有角羊一口，以一人紐羊角，候皇后欲産時，令諸小帳内人等一時用力紐羊角，其聲俱發，内外人語不辨，番云此羊代皇后忍痛之聲也。仍以契丹翰林院使抹卻眼抱皇后胸【五】，穩婆是燕京高夫人，其皇后用甘草苗代杆草卧之。若生兒時，方産了，戎主著紅衣服，於前帳内動番樂，與近上契丹臣僚飲酒，皇后即服調酥杏油半盞。如生女時，戎主著皂衣，動漢樂，與近上漢兒臣僚飲酒，皇后即服黑豆湯，調鹽三分。其用羊差人牧放，不得宰殺，直至自斃。皇后至第九日，卻歸戎主帳。其餘契丹婦人産時，亦望日番拜八拜，候入帳内，以手帕子抹卻，契丹醫人眼抱婦人胸，卧甘草苗。若生兒時，其夫面塗蓬子胭脂，産母亦服酥調杏。其蓬子八月收，以麄布絞汁，用時以浸布水塗面，番婦人時常亦用作妝飾。或生女時，面塗炭墨，産

【四】柴籠之制高三十二尺　「三十二」，宛委山堂本作「三十三」。

【五】仍以契丹翰林院使抹卻眼抱皇后胸　「眼抱」，宛委山堂本作「服挩」。下文同。

母亦服黑豆湯調。番言用此二物塗面時宜男女。貧者不具此儀。

戎主及契丹臣庶每年取祈降雪。戎主、太后嚏噴時，但是近位番漢臣僚等並齊道「治兜離」，漢語「萬歲」也。契丹如見月蝕，當夜各備酒饌相賀，戎主次日亦有宴會；如日蝕，即盡望日唾之，仍背日坐。

戎主及契丹臣庶每聞霹靂聲，各相鉤中指，只作唤雀聲，以爲禳厭也。

戎主及契丹臣庶等如見旋風時，便合眼，用鞭子空中打四十九下，口道「神不尅」七聲，漢語「溾風」也，以禳厭。

凡兵馬應是，漢兵多以「得勝」或「必勝」二字爲號，諸番兵以「蕃珂忍」號，漢語「龍虎」二字也。

銀牌有三道，上是番書「朕」字。用金鍍銀成，見在内侍左承宣宋璘處收掌【六】，用黑漆匣盛，每日於戎主前呈封一遍，或有緊急事，宜用此牌帶在項上走馬，于南北大王處，抽發兵馬，餘事即不用也。

銀牌式

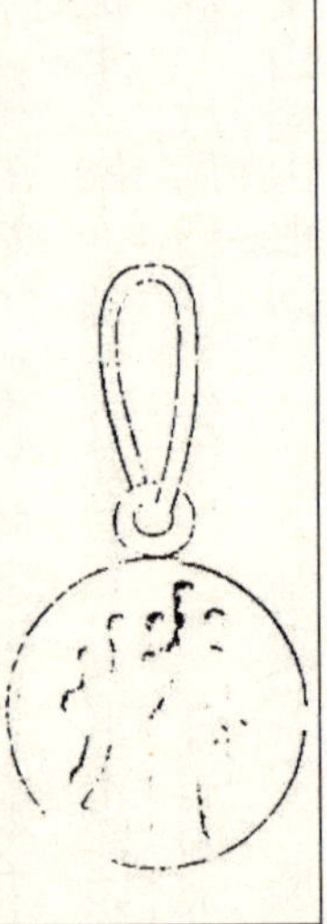

【六】見在内侍左承宣宋璘處收掌「左」，宛委山堂本作「右」。「宋」，宛委山堂本作「朱」。

長牌有七十二道，上是番書「教走馬」字。用金鍍銀成，見在南内司收掌，每遇下五京諸處取索物色，及進南朝野味、鹿茸、果子，用此牌信帶在腰間左邊走馬。

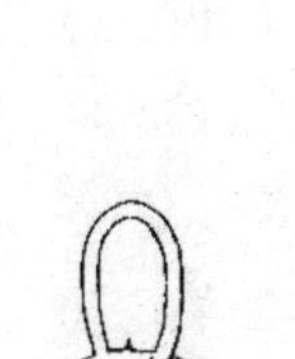
長牌式

木刻子牌約有一十二道，上是番書「魚」字。左面刻作七刻，取其本國已歷之世也；右面刻作一刻，旁是番書「永」字，其字只是用金鍍銀葉陷成，長一尺二寸。已來每遇往女真、達靼國取要物色，抽發兵馬，用此牌信帶在腰間左邊走馬，其二國驗認爲信。

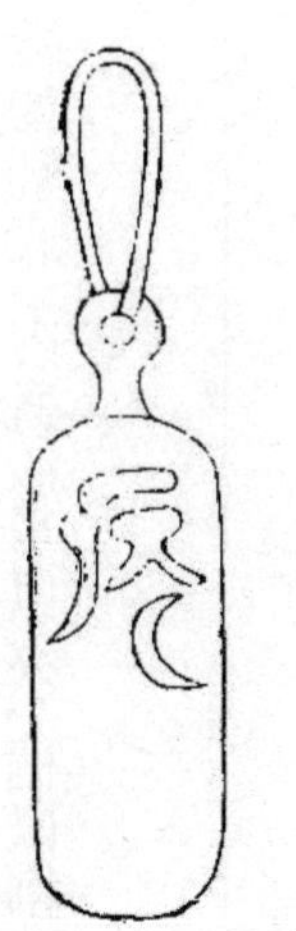
木刻子式

鐵瓜番呼須睹。以熟鐵打作八片，虚合成，用柳木作柄，約長三尺，兩頭鐵裹，打數不過七下【七】。

【七】打數不過七下　「下」，宛委山堂本作「十」。

沙袋番呼郭不離。以牛皮夾縫如鞋底，内盛沙半以來，柄以柳木作胎，亦用牛皮裹，長二尺，打數不過五百。

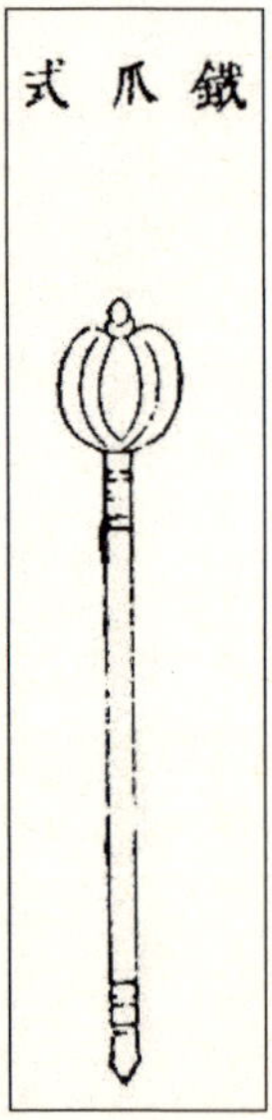

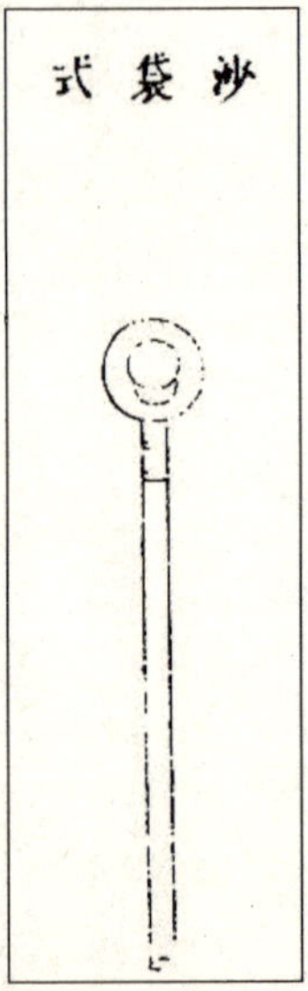

戎主太后寢帳内事不論大小，若傳播出外，捉獲者其元傳播人處死，接聲傳人決沙袋五百。

契丹盜衣服、錢絹諸物等捉獲，贓重或累倍估計價錢，每五貫文決沙袋一下；累至一百五十文，決沙袋五百，配役五年；若更有錢時，十貫文打骨錖一下，至骨錖五十以上，更有錢時處死。

四時捺鉢，多於長春州東北三千里就爍甸住坐，夏捺鉢多於永安山住坐，秋捺鉢多在靴甸住坐。所謂捺鉢者，戎主所至處也。

談淵

王陶 撰

鎔飲器贈客

胡則侍郎淳化初爲許州陽翟令【一】，孫翰公、丁晉公皆未登第，寓居邑中，朝夕從遊，胡待之甚厚。一夕，月下閑飲，而胡之辟簾下窺之，丁公重影，退告于胡，胡知其必貴。將赴舉，胡留酌別。平日置酒，常用白金飲具，是日乃酌以陶器，二人者心頗薄之。既撤具，胡方白某官之京，乏除鏹，但鎔飲器爲二笏以資行，二公深服其厚意。

于闐玉印

天禧中，秦州言澶州軍士王貴至州，自云得于闐國玉印一以獻。初，太平興國中，貴晝日忽見使者至營【二】，急召偕行，至河橋，驛馬已具，即命乘之，俄覺騰空而去【三】。頃之，駐馬，但見屋宇宏麗。使貴入【四】，其容衛、制度悉如王者，謂貴曰：「候汝年五十八，當往于闐國北通聖山取一異寶以奉皇帝，宜志之。」遂復乘馬淩雲而旋，軍中失貴已數日矣。驗所乘，即營卒之馬也。知州宋道照以聞奏，太宗釋之。至是，貴自陳年已五十八，

校勘記

【一】胡則侍郎淳化初爲許州陽翟令　許下原衍「沂」字，據《宋史》卷八五《地理志》，陽翟屬許州，宋無「許沂州」，故刪。

【二】貴晝日忽見使者至營　「晝」原作「至之」，據宛委山堂本及《歷代小史》本改。

【三】俄覺騰空而去　「騰」原脫，據宛委山堂本及《歷代小史》本補。

【四】使貴入　原作「使者貴人」，據宛委山堂本及《歷代小史》本改。

願遵前戒西至于闐。尋許其行，貴至秦州，以道遠懼。俄于市中遇一道士，引貴至州，登赤城原，問所欲，具以前實對，即命貴閉目，少頃，令開目，見其山川頓異。道士曰：「此于闐國北境通聖山。」兒復引貴至一池，池中有仙人出一物授之，謂曰：「持此奉皇帝。」有令瞑目，俄頃復至秦州，向之道士，失所在，發其物，乃玉印也，文曰：「國王趙萬年永寶」。

建隆中，曹彬、潘美統王師平江南，二將皆知兵善戰，曹之識慮尤遠，潘所不迨。城既破，國主李煜白衫、紗帽見二公，先見潘，設拜，潘答之；次見曹，設拜，曹使人明語之曰：「介胄在身，下拜不及答。」識者善其得體。二公先登舟，召煜飲茶，船前設一獨木腳道，煜鄉之國主，儀衛甚盛，一旦獨登舟，徘徊不能進，曹命左右翼而登焉。既一啜，曹謂李歸辦裝，詰旦會於此，同赴京師。來曉如期而赴焉。始，潘甚憾之，曰：「詎可放歸？」曹曰：「適獨木版尚不能進，畏死甚也，既許其生赴中國，焉能取死？」衆方服其識量。

鵠露蹄

張鄧公士遜三入相，景祐五年，與章郇公並命，已七十五歲。後二年，西賊叛命，寶元、康定之間，措置乖方，物議罪之，方引年除正太傅致仕，以小詩別郇公云：「緒案當衙並命時，蒹葭衰朽倚瓊枝。如今我得休官志，鴻入南溟鳳在池。」近輔咸和焉【五】。當時

【五】近輔咸和焉　「近」原作「邊」，「和」原作「知」，據宛委山堂本及《歷代小史》本改。

輕薄少年改鄧公詩曰：「緒案當銜並命時，與君兩個没操持。如今我得休官志，一任夫君鶻露蹄。」聞者無不大哂。

徐鉉見趙太祖

江南徐鉉有學問，善談吐，古儒之流也。李氏未歸順時，奉王命至中朝，便殿見藝祖，升殿，端笏緩頰而言曰：「江南李煜無罪，陛下師出無名。」久之，藝祖再令敷奏，乃曰：「李煜如地，陛下如天；李煜如子，陛下如父。天乃能蓋地，父乃能庇子。」藝祖應聲答曰：「既是父子，安得兩處吃飯？」鉉無以對。識者無不服藝祖神雋矣。

翰林侍講學士杜鎬，博學有識。都城外有墳莊，一日，若有甘露降布林木。子侄輩驚白于鎬，味之，慘然不懌，子侄啟請，鎬曰：「此非甘露，乃雀餳，大非佳兆，吾門其衰矣！」逾年鎬薨，有八喪。

李後主善詩

太祖一日小宴，顧江南國主李煜曰：「聞卿善詩，可舉一聯。」煜思久之，乃舉《詠扇》詩云：「揖讓月在手，摇動風滿懷。」太祖答曰：「滿懷之風何足尚！」從官無不嘆服。

王仁裕祖母

太原王仁裕家道，祖母約二百餘歲，形質渺小，長約三四尺許，兩眼白睛皆碧，飲啖甚少，夜多不睡，每月餘忽不見，數日復至，亦不知其往來之跡。床頭有柳箱，可尺餘，封鎖甚密，人未嘗得見其中物。嘗戒諸孫曰：「如我出，慎勿開，開即我不來也【六】。」諸孫中有一無賴者，一日恃酒而歸，祖母不在，徑詣床頭取封鎖柳箱開之，其中有一小鐵篦子，餘無他物，自此祖母竟不回矣。

【六】開即我不來也　「開」字原脱，據宛委山堂本及《歷代小史》本補。

歲時雜記

呂希哲 撰

賜幡勝

正月一日，造華勝相遺。

插柳

江淮間，寒食日家家折柳插門。

競渡

杜亞節度淮南，方春，民爲競渡戲，亞欲輕駛，乃髹船底，篙人衣油綵衣，没水不濡。

帶蒲人

端午刻菖艾爲小人子，或葫蘆形帶之，辟邪。

蘭湯

五月五日蓄蘭爲沐浴。

乞巧

七夕婦人結縷穿針以乞巧。

佩茱萸

九日採菊佩茱萸以延年。

煖爐

京人十月朔沃酒，乃炙臠肉於爐中，團坐飲啗，謂之煖爐。

迎年

歲莫人家具肴蔌，詣宿歲之位以迎新年，閧聚酣飲。

暇日記

劉　跂　撰

正月解凌水，二月白蘋水，三月桃花水，四月瓜蔓水，五月麥黄水，六月礬石水，七月荳花水，八月秋苗水，九月霜降水，十月伏槽水，十一月走凌水，十二月蹙凌水。元祐辛未春初，部管城人夫到滑州大河上聞得如此。

李誠明仲言：「堂屋前要不背三陽，今人作佇廊，非也。」

始冀爲水，水生木則青徐次之，木生火則荆楚次之，火生土兗豫次之【一】，土生金梁雍終焉：此九州五行之序。

明擴子充言：「耳凍，熬姜汁爲膏，塗之即瘥。」

中都縣驛有賈罔記云：「蹕至而稱宫，事過而名驛。」

智永《千文》闕字，太宗令王著寫之。楊文公《談苑》中説《樂毅論》逸少名本，「千載一遇」四字合有四點在其傍，《史記·樂毅傳》注中載夏侯論可見。

興國浴室院東殿内六祖像，蜀僧令宗所畫。子瞻云：「丘，文播弟子。」

楚州勝因院有曹仁熙畫水，有一筆長一丈八尺，無接續處。曹慶曆中年八十時作。

金陵人家門上書符曰目山敕。

校勘記

【一】火生土兗豫次之　「兗」原闕，據宛委山堂本補。

彭澤縣在江東岸山崦中，必無東日，但有西照。

僧崇普説望竿可以度遠處、高下，其法用長一尺、横一尺如丁字，就口邊望之。

元祐七年，賀正虜使耶律建卒于滑州，虜人倒懸其屍，出滓穢口鼻中； 又以筆管刺皮膚出水，以白礬塗屍，令瘦，但留皮骨以歸。

邵先生堯夫雍於所居作便坐曰「安樂窩」，兩旁開窻曰「日月牖」。

劉原父晚年病不復識字，日月兒女皆不能認，人言永興中多發冢墓、求古物致此。

竇子野言人言：「趙過始爲牛耕，前世皆是人耕也。」然冉耕何故字伯牛？當知牛耕其來遠矣。

成都不打晚衙鼓，劉仲、張潛夫皆説云：「孟蜀多以晚鼓戮人，埋毬場中，故每鳴鼓則鬼祟必作，自是承例不打鼓。」

錢乙言：「渠病周髀。周髀者，《本草》『磁石主周髀』。注：『凡髀隨血脈上下，不能左右去，爲周髀。』乙以藥使痺氣歸支體，以寬心腹之苦，故手足攣而心腑無恙。」

中都縣西門榜曰「講堂門」，父老言：「孔子爲宰，講説之地也，故以名門。」

錢乙言：「熊膽奇藥，家有小兒，不可無此。佳者色通明如米粒，用草莛點入水，轉如飛，惟性急者良； 餘膽入水亦能轉，但緩耳。勇力所聚爲膽故也。」

董耕言：「王絳州道髮上生心之餘，眉旁生肺之餘，鬚下生腎之餘，先白者一藏衰。

人説章丘劉道人説行氣云：『天門常開，鼻。地户常閉。口。取之倒根，丹田。出之到蔕。頂。綿綿若存，用之不既。審能行之，自然蟬蜕。』」

鎮國神寶，仁宗諭曰：「奉宸庫有外國所貢玉一塊，廣尺，厚半尺。此希世之物，可作一寶。」因命梁適撰名曰「鎮國神寶」。

受命寶，范鎮言：「仁皇服用物今皆葬之，如受命寶宜復用之，如傳國璽可也。」其議勿用，竟别造。余記《元符獲寶赦》云：「陋秦制之非工。」則是别造明矣。

琴絃用生天門冬碎之同煑，色白如玉，皆勝小麥、糯米等。長歷見人説。

北人樹上晒乾菜，冬春食之，《詩》所謂「棲菹」，言如鳥棲然。

浙江賊號曰「白日鬼」，多在舟舡作禍。彼中人見誕謾者，指爲「白日鬼」。

雞頭一斗，用防風四兩涣水浸之，久久益佳。

雞頭煑以防風浸之，經月不壞。陳彦和每用之。

至和初，京師大疫，太醫進方，有用犀者，内出二株解之，其一乃通天犀也。内侍李舜舉請以爲御所服帶，上曰：「豈急於服御而不以療民？」立命碎之。

鐵碪鍛金銀，百十年不壞，以椎皂角則一夕破碎。鞭以箠馬，愈久愈潤，以擊杖，隨即折裂。

孟伯饒説宋用臣種柳睿思殿，用常柳三株批開，急合爲一；取圜直麻縷繫牛矢泥固濟，深栽之，一年有三年力。

杜二丈和叔説：往年史沆都下鞫獄，取水晶十數種以入，初不喻，既出，乃知案牘故暗者，水晶承日照之乃見。

舊説象膽在足。余見寧陵簿田世程説：象嘗死三象，其二膽果在足，其一不在足。或言膽隨四時在四足，未必然也。皮骨齒皆輸内香藥庫，其肉斤賣，肉理段段不相屬，味各不同。舊説象肉千味，其然也。

幙府燕閒録

畢仲詢 撰

唐末錢尚父鏐始兼有吴越，將廣牙城以大公府，有術者告曰：「王若改舊爲新，有國止及百年；如填築西湖以爲之，當十倍此，王其圖之。」鏐謂術者曰：「豈有千年而天下猶無真主乎？有國百年，吾所願也。」即于所治增廣之，及忠懿歸朝，錢氏霸吴越凡九十八年矣。

范文正公嘗爲人作墓銘，已封將發，忽曰：「不可不使師魯見之。」明日以示尹師魯，師魯曰：「希文名重一時，後世所取信，不可不慎也。今謂轉運爲部刺史，知州爲太守，誠爲脱俗，然今無其官，後必疑之，此正起俗儒爭論也。」希文撫已曰：「賴以示子，不然，吾幾失之。」范文正公作《岳陽樓記》，爲世所貴，尹師魯讀之曰：「此傳奇體也。」

吴參政少以學究登科，復中賢良，爲翰林學士。常草制，以示歐陽文忠，稱之，因戲曰：「君福至心靈。」歐陽文忠在翰林日，嘗與同院出遊，有奔馬斃犬於前，文忠顧曰：「君試言其事。」同院曰：「有犬臥于通衢，逸馬蹄而殺之。」文忠曰：「使子修史，萬卷未已也。」曰：「内翰以爲何如？」文忠曰：「逸馬殺犬於道。」

池州進士鄒閬家貧有守。一日，將之外邑，侵晨啓户，見一小筈籠子在門外，無封鎖，開視之，乃白金酒器數十事，約重百兩。殆曉，寂無追捕者，遂挈歸，謂其妻曰：「此物無脛而至，豈天賜我乎？」語未絶，閬覺左股上有物蠕動，見金色爛然，乃一蠶也。遂撥去之，未迴手，復在舊處，以足踐之，雖隨足而碎，復在閬胸腹之上矣。棄之於水，投之於火，刀傷斧斫，皆不能害。衾裀飲食之間，無所不在，閬甚惡之。遂訪友人之有識者，曰：「吾子爲人所賣矣。此謂之金蠶，近至吾鄉，雖小而爲禍頗大，能入人腹中，殘齧腸胃，復完然而出。」閬愈懼，乃以籠挈之事告之。其友曰：「吾固知之矣。子能事之，即得暴富矣。此蟲日食蜀錦四寸，收取糞乾而屑之，置少許於飲食中，人食之者必死，蟲得所欲，日致它財以振之。」閬笑曰：「吾豈爲此也？」友曰：「固知子不爲也，然則奈何？」閬曰：「復以此蟲并舊物置籠中棄之，則無患矣。」友人曰：「凡人畜此蟲久而致富，即以數倍之息并原物以送之，謂之嫁金蠶，其蟲乃去。置于元物送之，必不可遣。今子貧居，豈有數倍之物乎？實爲子憂之。」閬乃仰天嘆息曰：「吾平生以清白自處，誓不失節，不幸今有此事！」遂歸家，告其妻曰：「今事之固不可，送之又不能，惟有死耳，若等好爲後事。」乃取其蟲擲於口中而吞之，舉家救之不及，妻子號慟，謂其必死。數日間，無所苦，飲啜如故，逾月亦無恙，竟以壽終。因白金之故，亦致小康。豈以至誠之感，不爲害乎？

古之幞頭，自隋以前只是皂繒幕其首，唐馬周始制四脚繫於上，二脚垂於後，又加巾子，制度不一。武后時賜臣下巾子，謂之「武家樣」，又有高頭巾之名。明皇賜臣下内樣巾子。又裴冕嘗自制巾子，謂之僕射巾。自唐中葉以後，謂諸帝改製，其垂二脚，或圜或潤，周絲弦爲骨，稍翹矣，臣庶多傚之，然亦不妨就枕。余家有陳宏畫《明皇裹頭坦腹仰卧吹玉笛圖》，有鄭谷詩云：「玉階春冷未催班，暫拂塵衣就笏眠。」其便如此。唐末喪亂，自乾符後宫娥、宦官皆用木圍頭，以紙絹爲襯脚，用銅錢爲骨，就其製成而戴之，取其緩急之便，不暇如平時對照繫裹也。僖宗愛之，遂製成而進御。五代帝王多裹朝天幞頭，二脚上翹，四方僭位之主各創新樣，或翹上而反折於下，或如團扇、蕉葉之狀，合抱於前。僞孟蜀始以漆紗爲之。湖南馬希範二角左右長尺餘【一】，謂之龍角，人或誤觸之，則終日頭痛。至劉漢祖始仕晉爲并州衙校，裹幞頭脚左右長尺餘，横直之，不復上翹，迄今不改其制。予幼年嘗見先祖文簡公舊物中有幞頭羅一段，織花額頭界道，必是臨時裁剪而爲之。文簡公畏漆，應舉時猶裹羅幞頭。其後服紗漆者，須隔年製下乃可戴。今時以垂脚素紗者爲纏繞【二】，不知起於甚時。

國子博士王某知扶風縣，有李生以資拜官，每見王輒稱同院，王不能平，因面質曰：「某自朝士，與君名位不同，而見目同院，何邪？」李生徐曰：「固知王公未知縣事。時自是國子博士，謂之國博；某以納粟授官，亦穀博也。豈非同院乎？」王爲之大笑。

故事，邊郡納粟三千斛授本州助教。岐山王生納粟授官，以厚價市駿馬，猶不如意，每以爲恨，嘗騎過市，醫士李生滑稽能謔，遮道謂曰：「君馬新市，其價幾何？」曰：「一

【一】湖南馬希範二角左右長尺餘　「尺」原作「丈」，據張宗祥校勘記改。

【二】今時以垂脚素紗者爲纏繞　「繞」，張宗祥校勘記作「絲」。

百五十千。」李生盛稱壯健，以爲價賤，王怪問之，李生曰：「馱得三千石穀，豈非壯健邪？」

楊礪未第時，夢人引升一殿，有少年南面而坐，引者曰：「此來和天尊也。」後真宗爲襄王，礪除記室，見帝一如夢中所見。

南方人畜金蠶，金蠶金色，食以蜀錦，取其遺糞置飲食中，以毒人，人死。蠶善能致他財，使人暴富，而遣之極難，水火兵刃所不能害，必多以金銀置蠶其中，投之路隅，人或收之，蠶隨以往，謂之嫁金蠶。

郭子儀自同歸，詔大臣就宅作軟脚局，人率三千。

孫供奉

唐昭宗播遷，隨駕技藝人止有弄猴者。猴頗馴，能隨班起居，昭宗賜以緋袍，名孫供奉。羅隱《下第詩》云：「何如學取孫供奉，一笑君王便著緋。」朱梁篡位，取猴，令殿下起居，猴望陛見全忠，遥趨殿陬，跳躍奮擊全忠，遽令殺之。唐臣愧此猴多矣！【三】

上帝扇題杜詩

盛文肅夢見帝殿上扇題詩曰：「夜闌更秉燭，相對如夢寐。」意謂天人詩，及寤，乃記

【三】本則及下十則收録於《類説》中。

是杜詩。

萬病丸

律有不應爲，法家易爲附麗，謂之「萬病丸」。御史臺補試一吏令斷案不法，乃云：「不應爲，從重。」問之，對曰：「中丞要重，則正下添；雜端要輕，則旁過注。」

始皇驅山鐸

海上漁人得一鐸，擊之聲如霹靂，問博識者，云始皇驅山鐸也。

槐生室中

吕蒙正方應舉，僦舍達隆觀，發解入洛，鏁室而去，自冬涉春，方回啟户，視之牀前，槐枝叢生高二三尺。蒙正是年登科，十年合抱，作相。

宰相權日輕

馮道曰：「吾三入相，每不及前，以擢任親故知之。初入，能用至丞郎；再入，能用至遺補；三入，不過州縣。是宰輔之權日輕也。」

協金石

有人得青石，大如鑄，背有鼻，穿鐵索，數丈迴圈，無相接處。一日，海賈見以數十千易之，云：「此協金石，垂之海中，經夕引出，上必有金。」

龍聽講經

有僧講經山寺，常有一叟來聽，問其姓氏，曰：「某乃山下潭中龍也。幸歲旱得閒，來此聽法。」僧曰：「公能救旱乎？」曰：「上帝封江湖，有水不得輒用。」僧曰：「此硯中水可用乎？」乃就硯吸水徑去，是夕雷雨大作，逮曉視之，雨悉黑水。

訛字

《唐韻》防部有㦃字，經部有蟫字。㦃字本以幹干。爲音，訛作幹。音防。遂入防部。《爾雅》，蟫白魚本以覃談。爲音，訛作蕈，音尋。遂入經部。各部中韻似此甚多。

吕申公詩

張鄧公致仕，居京師，吕申公奏請率二府賀之，公即席賦詩，有「人間此會應無比，何必東山訪謝安」之句。

獻魏公詩

韓魏公初罷相，出鎮長安，或獻詩云：「是非莫問門前客，得失須憑塞上翁。引取碧油紅旆去，鄴王臺畔醉春風。」公以爲然，請守相州。

范文正公遺事

佚名　撰

公爲人作銘文，未嘗受遺，後作范忠憲墓銘，其子欲以金帛謝，拒之，乃獻以所蓄書畫，公悉不收，獨留《道德經》，而還書戒之曰：「此先君所藏之所寶，某竊爲宗家惜之，毋爲人得也。」

公在杭州，子弟見公有退志，乘間治第洛陽，樹園圃以爲逸老之地。公曰：「人苟有道義之樂，形骸可外，況吾屋也。吾今年踰六十，且無幾，乃謀樹第治圃，顧何待而居乎？吾之所患，在位高而難退，不患退而無居也。居固易得，而西都士大夫園林相望，爲主人者莫得常遊，而誰獨障吾游者？豈必有諸己而後爲樂耶？俸賜之餘，宜以賙宗族。若遵吾言，毋以爲慮。」

公之子純仁娶王氏婦，將歸，或俾以羅爲幃者，公聞之不悦，曰：「羅綺，豈幃幔之物耶？吾家素清儉，安得亂吾家法者？敢持至吾家，當火于庭！」

校勘記

韓忠獻別録

王巖叟 撰

公之客有被召而請教者，公曰：「富貴易得，名器難保。」

公築堂於池上，效樂天，因名曰「樂白堂」。堂成，公賦詩三章，其卒章曰：「霓裳歌舞非吾事，且學醺酣石上眠。」自爾寢疾，遂於六月二十四日薨，此詩遂爲絶筆。既而上遣使特爲石虎以葬，時人始悟「石上眠」之句若讖云。

韓魏公事

趙　寅　撰

寅自及第，初任黄陂簿，遭遇韓公，目擊施爲，皆不可及，故寅之所書，皆摭其實庶，以信後世。紹聖四年七月日，朝請郎、判南京國子監、護軍、賜緋魚袋趙寅。

治平中，厚陵服藥。一日崇政殿起居，上忽疾作，在殿不肯服藥。公揭簾直入，搢笏腰間，抱英宗頭言：「琦琦。」英宗視公，方服藥。治平四年正月六七間，内外傳宣皇帝已上仙。八日，公早朝至簾下問起居。慈聖低聲泣云：「皇帝夜來已上仙。」公且乞捲簾，左右忽遽，只以掌扇遮就西序急避，與魯公永叔直至福寧，見厚陵席地，徐揭除面帛，飲泣便出。下福寧殿，言聖體如常，且進粥藥，醫官、宦官同聲歡呼云：「慚愧，元來人亂説。」公方召神宗正位，中外帖然如常。

公以黄河屢溺渡人，以大印印船腹，定力券，由是人皆安濟，蓋溺者失在重任耳。

公移鎮相臺，寅知德州德平縣。值公生日，用皮筒附詩二首，大字書，公拆開甚喜，時許茂先知在坐，當時拆開，稱其雅贍。一云：「手抉浮雲開書中，重明親捧麗旋穹。議行平日難言際，德在群生不報中。强擬範模揮綵筆，了無行跡似春風。混同今古思前後，希闊功名得始終。」其二云：「出處云爲盡至誠，九州四海仰儀刑。器同琮璧荆山玉，節固風波砥柱銘。身立三朝惟一德，力扶七廟更千齡。時人不用燒香祝，自是昌辰一壽星。」

熙寧三年秋，公自并州移鎮定武，慮百姓遮道相送不能行，隔夜宿城北廟下。百姓知明日隔城不能送，其上户各留一小弟子宿于廟門，五更見一燈籠出廟門，子弟驚起叫云：「走了本尉也【一】。」紛紛人馬嗔咽。及明，百姓節次勸酒無數。時郝質作總管，下馬云：「你百姓輩休煩聒。資政若入相，天下蒙福；若不入相，一二年再來。不可如此。爾等百姓都勸資政一盞酒。」衆曰：「然。」於是郝質執盃，衆百姓齊斟，遍野皆拜，放聲大哭，相送十餘里方肯散去。後事聞虜中，無不嘆羨。

公在長安，移鎮相臺。河朔之民喜公之來，有自定武頭戴香盆到澶州接者，婦人女子皆易鮮衣，俟候于野外，老幼填咽。澶州水工無以獻勤，至跳浮橋，以足距橋脚，人皆駭其未嘗見也。

【一】走了本尉也　「本尉」疑作「太尉」。

校勘記

【一】韓魏公治恩冀河流　「冀」原作「異」，據宛委山堂本改。

【二】斷趙征村岡勢　「村」原作「侍」，據宛委山堂本改。

南遊記舊

曾紆　撰

慶曆中，賈昌朝鎮北都。因奏韓魏公治恩冀河流【一】，斷趙征村岡勢【二】，不利國，致皇嗣未立。仁宗即中日批付侍御史知雜吴中復亟往按治。一日受内降至七封。中復固請對，乃既對，以所授内降面乞盡付中書門下行出，乃敢奉詔。初甚咈，吴固爭不已，乃從。時人謂之「鐵面御史」。

舊制：游幸宴賞，惟學士陪扈。太宗好文藝，詔知制誥並扈從，唯吊喪、問疾不赴。

掖垣牒御史臺連字，俗謂之撩頭牒。自李宗諤始。中丞吕文仲論奏不當，宗諤引臺閣故事復奏云：「宰相，政事堂禮上兩省官，謁于堂上，中丞率百官班于堂下，蓋兩省官長，言尊則位居四輔，叙位則禮絶百司。今御史以掖垣近司使同守監統攝，亂堂階等威之分，侮瀆憲章，取誚中外。」朝廷直宗諤之論，從之，自是爲例。

中書門下班分東西向，謂之「蛾眉班」，自王溥始得罷。

王介甫以次女適蔡卞，吴國夫人吴氏驟貴，又愛此女，乃以天下樂暈錦爲帳，未成禮而華侈之聲已聞于外。神宗一日問介甫云：「卿大儒之家，用錦帳嫁女？」甫諤然無以對。歸問之，果然。乃捨之開寶寺福勝閣下爲佛帳。明日再對，皇懼謝罪而已。

熙寧中，韓子華自鄧州再入相，韓持國方在翰苑，遂當制，縉紳榮之。元豐中，官制行，曲阜公除天官，南豐先生爲西掖行詞。元符末，魯公拜相【三】，曲阜以學士草制。曲阜對便殿，以親嫌辭。上云：「禁中已撿見韓維故事。」乃批旨：「兄弟迭居詞禁，兄行弟詞，弟草兄制。」是日以天寧前二日【四】，樞密院罷散齋筵，曾魯公押筵，曲阜居席，面會。出，宣召鎖院，魯公拜相。榮耀一時，又非韓氏之比。

南豐先生病中，介甫日造臥内，邸報蔡京召試，介甫云：「他如何做得知制誥？一屠沽耳。」又云：「除修注告詞是子固行當，待便當論繳。」時南豐已疾革，頷之而已。

永州張子發秀才云：「昔人皆有所祖述，如廉頗慕藺相如，近世如韓持國祖述晏公之類。蔡京祖述教坊使丁仙現，無所不爲，以取人主一解顔而已。」

紹聖中，瑶華既廢，判大宗正儀景乃乞以妾楊氏爲夫人，乞免宣繫及不召媒保。中批依所乞。許沖元在中書，遂依已得指揮過門下，章子厚大怒而責沖元云：「小白葵丘之盟，誡諸侯，以妾爲妻者天下共誅之。惇頭可得，此命不可下！」翌日，極陳，罷景宗司，仍奪儀同。時論皆以爲得防微杜漸之意。後三年，乃乞建立元符，至託以東朝之命，自草詔撿。何本末相戾也？

李端愿，宫保文和長子，治園池，延賓客，不替父風，每休沐，必置酒高會，延侍從、館閣，率以爲例，至夜分寢閣，什物供帳皆不移具。元豐中會佳客，坐中忽召學士將鎖院，孫

【三】魯公拜相　「魯」原作「曾」，據宛委山堂本改。下文同。

【四】以天寧前二日　「二」，宛委山堂本作「一」。

巨源適當制，頗怏怏不欲去。李餘侍妾取羅巾求長短句，巨源援筆欲書，從者告以將掩門矣，草作數語云：「城頭上有三鼕鼓，何須抵死催人去？上馬苦悤悤，琵琶曲未終。回頭腸斷處，却更廉纖雨。漫道玉爲堂，玉堂今夜長。」李邦直在坐，頗以卒章非佳語。巨源是夕得疾於玉堂，後六日卒。

黄實自言平生有二事。元豐甲子，爲淮東提舉常平。除夜，泊汴口，見蘇子瞻執杖立對岸，若有所俟。歸舟中，以揚州厨釀二尊、雍酥一奩遺之。後十五年，爲發運使。大暑，泊秦淮樓下，見米芾衣犢鼻，自滌研於淮口。索篋中，一無所有，獨得小龍團二餅，迺遣人送之，趁其滌硯未畢。有此二事，頗自慰云。

蒼梧雜志

胡珵撰

酒債

孫權叔濟嗜酒，不治生産，嘗欠人酒緡，謂人曰：「尋常行處，欠人酒債，欲質此緼袍，償之酒債。」「尋常行處」有本此。

望闕亭

李衛公在珠崖，郡北有望闕亭，公題詩云：「獨上江亭望帝京，鳥飛猶是半年程。碧山也恐難歸去，百匝千遭繞郡城。」城南小禪院，因步遊之，見老僧壁内掛十餘葫蘆，公指曰：「中有藥物乎？」僧曰：「非也，皆人骨灰耳。太尉當軸，朝列爲私憾黜於此者，貧道憫之，因收其骸焚之，貯其灰，俟其子孫來訪耳。」公惕然如失，返走，心痛，是夜卒。

椰樹

椰樹高六七尺，無枝，葉葉如束蒲在上。其實如瓠，繫之顛實，外皮如葫蘆，膚中有汁升餘，清如水，味美於蜜。食其膚則不饑，食其汁則增渴。又有如兩眼處，俗人謂之「越王頭」。

軒渠録

呂本中 撰

東坡知湖州，嘗與賓客遊道場山，屏退從者而入，有僧憑門間熟睡，東坡戲云：「髡闔上困。」有客即答曰：「何不對『釘頂上釘去聲。』？」

强淵明字隱季【一】，除帥長安，辭蔡太師。蔡云：「公今喫冷茶去也。」强不曉而不敢發問。親識間有熟知長安風物者，因以此語訪之，乃笑曰：「長安妓女，步武極小，行皆遲緩，故有『喫冷茶』之戲。」

范直方師厚性極滑稽，嘗赴平江，會太守鄭滋德象問營妓之妍醜於師厚，師厚以王蕙、趙芷對。德象云：「趙芷非不佳，但面上髗骨高耳。」師厚云：「南方婦人豈有無顴骨者？便是錢大王皇后也少他那兩塊不得【二】。」

米元章居鎮江，常在甘露寺，榜其所處曰「米老菴」。甘露大火，惟李衛公塔及米老菴獨存。元章作詩云：「雲護衛公塔，天存米老菴。」有戲之者每各添兩字云：「神護李衛公塔颯，天留米老娘菴簝。」元章母乃入内祇應老娘，元章以母故命官。

司馬温公在洛陽閒居時，上元節，夫人欲出看燈。公曰：「家中點燈，何必出看？」夫人曰：「兼欲看游人。」公曰：「某是鬼邪？」

校勘記

【一】强淵明字隱季　「季」原作「李」，據宛委山堂本改。

【二】便是錢大王皇后也少他那兩塊不得　「便」原闕，據宛委山堂本補。

紹興十七年五月初，臨安大雨雹，太學屋瓦皆碎，學官申朝廷修，不可，言雹稱爲硬雨。

東坡有歌舞妓數人，每留賓客飲酒，必云：「有數箇搽粉虞候，欲出來祗應也。」

米元章喜潔。金陵人段拂字去塵登第，元章見其小録，喜曰：「觀此名字，必潔人也。」亟遣議親，以女妻之。

族嬸陳氏頃寓嚴州，諸子宦遊未歸，偶族姪大琮過嚴州，陳嬸令代作書寄其子，因口授云：「孩兒要劣，嬭子又閱閱霍霍地。且買一柄小翦子來，要翦脚上骨茁上聲。兒肐胝兒也。」大琮遲疑，不能下筆。嬸笑云：「原來這廝兒也不識字。」聞者哂之。因説昔時京師有營婦，其夫出戍，嘗以數十錢託一教學秀才，寫書寄夫云：「窟賴兒娘傳語窟賴兒爺，窟賴兒自爺去後直是忔憎兒每日根入聲。特特地笑，勃騰騰地跳。天色汪去聲。囊，不要喫温吞入聲。蠖託底物事。」秀才沈思久之，卻以錢還之云：「你且別處請人寫去。」與此正相似也。窟賴兒乃子之小名。

劉貢父爲館職，節日同舍有令從者以書筒盛門狀，偏散於人家。貢父知之，乃呼住所遣人坐於別室，犒以酒炙，因取書筒視之，凡與貢父有一面之舊者盡易以貢父門狀。其人既飲食，再三致謝，偏走巷陌，實爲貢父投刺，而主人之刺遂不得達。

王齊叟字彦齡，懷州人，高才不羈，爲太原掾官，嘗作《青玉案》、《望江南》小詞以嘲帥與監司，監司聞之大怒，責之，彦齡斂衽向前，應聲答曰：「居下位，常恐被人讒。只是曾填《青玉案》，何曾敢做《望江南》？請問馬都監。」時馬都監者，適與彦齡並坐。馬皇恐，亟自辨數。既退，詰彦齡曰：「某實不知，子乃以某爲證，何也？」彦齡笑曰：「且借公趁韻，幸勿多怪。」

紹興辛巳冬，女真犯順。米忠信夜於淮南劫寨，得一箱篋，乃自燕山來者，有所附書十餘封，多是虜中妻寄軍中之夫，建康教授唐仲友於樞密行府僚屬方圖仲處親見一紙，别無他語，止詩一篇：「垂楊傳語山丹，你到江南艱難。你那裏討箇南婆，我這裏嫁箇契丹。」

莊綽季裕年未甚老而體極癯瘠，洪析仲本呼爲細腰宫院子。

校勘記

續骫骳説

朱　弁　撰

予居東里，或有示予晁無咎《骫骳説》二卷，其大概多樂府歌詞，皆近世人所爲也。予不自揆，亦述所見聞，以貽好事，名之曰《續骫骳説》。信筆而書，無有倫次，豈可彷彿前輩施諸尊俎？祇可爲掀髯捧腹之具。壬戌六年辛巳聘遊子敘。

女真之讖

政和中，袁裪爲教坊判官，製撰文字。一日爲蔡京撰傳，言《玉女詞》有「淺淡梳粧，愛學女真梳掠」之語。上見之，索筆改「女真」二字爲「漢宮」，而人莫解。蓋當時已與女真盟于海上矣，而中外未知。帝惡其語，故竄易之也。

元宵詞

都下元宵，觀游之盛，前人或於歌詞中道之。而故族大家、宗藩戚里，宴賞往來，車馬駢闐，五晝夜不止。每出，必窮日盡夜漏乃始還家。往往不及小憩，雖含酲溢疲思，亦不暇寐，皆相呼理殘妝，而速客者已在門矣。又婦女首飾至此一新，髻鬟篸插如蛾蟬、蜂蝶、雪柳、玉梅、燈毬，褭褭滿頭，其名件甚多，不知起何時，而詞客未有及之者。晁叔用作《上林春慢》云：「帽落宫花，衣惹御香，鳳輦晚來初過。鶴降詔飛，龍擎燭戲，端門萬枝燈火。滿城車馬，對明月，有誰閒坐？任狂遊，更許傍禁街，不扃金鎖。玉樓人，暗中擲果。珍簾下，笑着春衫褭娜。素娥繞釵，輕蟬撲鬢，垂垂柳絲梅朵。夜闌飲散，但贏得，翠翹雙彈。醉歸來，又重向、曉窗梳裹。」此詞雖非絶唱，然句句皆是事實，亦前人所未嘗道者，良可喜也。

士氣

一身之盛衰在乎元氣，天下之治亂在乎士氣；元氣壯則膚革充盈，士氣伸則朝廷安强。故善養生者，使元氣不耗；善治國者，使士氣不沮。欲元氣不耗，則必調飲食以助之，而咽喉者，所以開納受飲食也；欲士氣不沮，則必防壅蔽以達之，而言路者，所以開導壅蔽也。故近取諸身，遠取諸物，遠近雖殊，治道無二。

文章有法

古人凡在文章之苑者，其下筆皆有所法，不苟作也。班固《序傳》謂：「酌斟六經，仿《易》象《論》。」然則文章自六經出者上也，其次亦各有所祖傳而時爲變態。劉夢得與柳子厚論《平淮西碑》云：「若在我乎，當學《左傳》。」蓋如左氏叙謀師事而爲之也。不有所法，不足明文章，相如《美人》本於《好色》，退之《送窮》出於《逐貧》，杜牧《晚晴》蓋托《小園》，歐公《黄楊》實則《枯樹》，其他往往而是，未可以概舉也。秉筆者詎可易也？

參寥子

參寥子者，妙總大師曇潛也。俗姓王氏，杭州錢塘縣人。幼不茹葷，父母聽其出家。以童子誦《法華經》，度爲比丘，受具戒，於内外典無所不窺，能文章，尤喜爲詩，秦少游與之有交許之契【一】。嘗在臨平道中作詩云：「風蒲獵獵弄輕柔，欲立蜻蜓不自由。五月臨平山下路，藕花無數亂汀洲。」東坡一見，爲寫而刻諸石。宗婦曹夫人，善丹青，作《臨平藕花圖》，人爭影寫，蓋不獨寶其畫也。東坡守彭城，參寥常往見之，在坡座賦詩，援筆立成，一坐嗟服。坡遣官奴馬盼盼索詩，參寥笑作絶句，有「禪心已作沾泥絮」之語，坡曰：「予嘗見柳絮落泥中，私謂可以入詩，偶未嘗收拾，乃爲此老所先，可惜也。」住西湖智果院，坡南遷，素不快者捃詩語，謂有譏刺得罪，反初服。建中靖國元年，曾子開爲翰林學士，言其非辜，詔復祝髮，紫方神師號如故【二】。蘇黄門每稱曰：「此釋子詩無一點蔬筍氣，其體制絶似儲光羲，非近世詩僧所能比也。」欲集其詩序之，竟不果而卒。參寥崇寧末歸老江湖，既示寂，其傳孫法穎以其集行於世，然詩猶有不傳者。

【一】秦少游與之有交許之契　「交」原作「支」，據宛委山堂本改。

【二】紫方神師號如故　「神」，宛委山堂本作「袍」。

隱窟雜志

温　革　撰

四六文用經史全語，必須詞旨相貫，若徒積疊以爲奇，乃如集句也。楊文公居陽翟時，希深與之啓云：「曳鈴其空【一】，上念無君子者；解組弗顧，公其如蒼生何？」文公書於扇曰：「此文中虎也。」蓋喜其用經如己出，特爲豪健。

楊文公有重名於世，常因草制，爲執政者多所點竄，楊甚不平，因取藁上塗抹之處以濃墨傳之，就加爲鞋底樣，題其旁曰：「世業楊家鞋底。」或問其故，乃曰：「是他別人脚跡。」當時傳以爲嘔噱。自後舍人行詞遇塗抹者，必相謔云：「又遭鞋底。」

汪内相勸主上聽政表云：「漢家之厄十世，知光武之中興；獻公之子九人，念重耳之獨在。」蓋佳語也。或曰：「若移上句爲下句，則善不可加矣。」

李漢老云：「古者詔令多天子自爲之。故漢武帝詔淮南王，令相如視草；而光武詔鄧禹曰：『司徒，堯也；赤眉，桀也。』使臣下代言，其敢爲是語乎？」

仁廟初欲封皇女，下崇文院檢尋典故。王洙等言：「唐制，封公主有以郡國名者，有以美名者。文皇幼女在宫，已有晉陽之號。若明皇女封永穆、常芬、唐昌、文華，皆爲美名。」乃詔封長女福康公主、次女慶壽公主【二】，蓋用明皇故事也。

校勘記

【一】曳鈴其空　宛委山堂本作「曳裾而前士」。

【二】慶壽公主　「慶壽」原作「崇慶」，據《宋史》卷二四八《公主傳》改。

閬州有三雅池。古有修此池者，得三銅器，狀如酒盃，各有三篆曰「伯雅」、「仲雅」、「季雅」，或謂劉表一子好酒，常製三爵，大受一斗，次受七升，小受五升。趙德麟云：「恐是盛酒器，非飲器也。」余以問曾存之，存之言：「古人軀幹大，升合小。」王仲弓《傷寒證治》「湯劑」注云：「古方三兩當今一兩，三升當今一升。」然則存之之言信矣。予案《廣韻》盃字注云：「酒器盃、雅同音。」則雅字蓋借用，三雅乃酒盃也，無可疑者。

趙德麟論法帖，據唐人李涪《刊誤》云：「短啓出晉、宋兵興之際，國禁書疏，非吊喪問疾，不得輒行尺牘，故羲之書云『死罪死罪』，是違制令故也。」余觀《文選》載任昉、沈約爲中丞時彈章云「死罪死罪」，自是惶懼語，不必謂違制令乃云爾也。

今世燒香埋火，蓋有所自。《楞嚴》云：「純水沈無令見火」是也。

故事，館職每洛陽貢花，例賜百朵，并南庫法酒。此二者，《麟臺故事》不載，因志之。

取覆膀子，蓋兩制見宰執之禮，自建炎中庶官亦用，今則布衣以下皆通用矣。

退齋雅聞録

侯延慶　撰

宋郊改名庠

宋莒公初名郊，在翰苑，上有意大用，爲同列所譖，言姓名之讖，不利國家，上賜名庠。莒公因有詩云：「紙尾何勞問姓名，禁林依舊接羣英。欲知《七畧》稱臣向，便是當時劉更生。」

蠟炬

張芸叟初左遷【一】，集兒女把酒，芸叟有慨然不樂之意，命各探坐中物賦詩。一女賦蠟炬云：「尊前獨垂淚，應爲未灰心。」蓋以諷也。芸叟稱之。

轉食藥方

衡陽試院中同官趙傅霖傳轉食藥方：以巴豆一粒同枳殼一枚，切作兩片，去穰内巴豆，以麻皮繫合，不拘多少，水煎，令枳殼軟爛，只去巴豆，焙乾枳殼爲末，麵糊丸似桐子

【一】張芸叟初左遷　「左」原闕，據宛委山堂本補。

大。食後熱水下十五丸，老小皆可服。

治暴熱吐血方【二】

孫紹先傳治暴吐血方：急以竹子去簷頭取蛛蜘網，搓成丸子，用米湯下飲【三】，一服立止。

梅花詩

蔡載天任賦梅花，落句云：「應有化人巢木末，枝間一國自行春。」其冥搜如此。

唐書詩

予與尹東珣温叔同考信德府進士。温叔言，頃在都下市書，有見寫本《唐書節要》一册【四】，後題一絕云：「中原不可生强盗，强盗纔生不可除。一盗既除羣盗起，功臣都是盗根株。」竟不知誰所作。

雨【五】

河朔人謂清明雨爲潑火雨，立夏爲隔轍雨。

【二】治暴熱吐血方　按：文淵閣本無「熱」字，以下正文内亦無，疑衍。

【三】用米湯下飲　原作「用米飲下」，據宛委山堂本改。

【四】有見寫本唐書節要一册「書」原作詩，據宛委山堂本改。

【五】本則及下文一則，宛委山堂本合爲一則，題「時令諺語」。

農語

秦、晉間農夫語：「小麥鑽火秀【六】，旱殺豌豆花。植穀地泥秀，爛起田中瓜。」

瑞香花

瑞香花，種出江州廬山。今長沙競種成俗【七】，一株有至百千花者。最忌麝，或佩麝觸之，花輒萎死。惟頻瀹茶灌其根，不爲蟲所蝕。

江村圖雪詩【八】

章子厚《題李邦直家江村初雪圖》詩云：「江頭微雪北風急，憶泊武昌洲尾時。潮來浪打船欲破，擁被醉眠人不知。」

羅浮山隱者詩

羅浮山有隱者，自謂黃冠野人，或云呂洞賓之流，嘗題詩山間云：「雲來萬山動，雲去山一色。長嘯兩三聲，天高秋月白。」

【六】小麥鑽火秀　「火」原作「大」，據宛委山堂本改。

【七】今長沙競種成俗　「種」原闕，據宛委山堂本補。

【八】江村圖雪詩　宛委山堂本作「江行初雪圖詩」。

道宗詩

劉拱衛遠，宣和初仕祁州【九】，嘗接伴北使，有李處能者，北朝故相之季子，號李狀元家，燕人之最以文學著者。處能謂遠曰：「本朝道宗皇帝好文，先人昔荷寵異，嘗于九日進《菊花賦》，次日賜批答一絶句云：『昨日吟卿《菊花賦》，碎剪金英作佳句。至今襟袖有餘香，冷落秋風吹不去。』」

【九】宣和初仕祁州　「仕」，宛委山堂本作「守」。

視聽鈔

吴　萃　撰

山谷詩

詩所以吟詠情性，乃閒中之一適，非欲以求名也。予詩自知其淺，然卻是自作生活，未嘗寄人籬下。若有以艱深之辭文之，人未必以爲淺也。黄魯直詩非不清奇，不知自立者翕然宗之，如多用釋氏語，卒推墮於溷瀆之中，本非其長處也，而乃字字剽竊，萬首一律，不從事于其本，而影響于其末，讀之令人厭。章茂深郎中，葉石林甥也，自言從小學作江西詩，石林每見之，必顰蹙曰：「何用事此死聲活氣語也【一】！」此言真有味。《石林詩話》談山谷之詩不容口，非不取之，惡夫學之者過也。

何欽聖詩

王氏主經術，蘇氏主詞章。東坡在錢唐，有三衢士人何欽聖，名恭意，以經爲然，獻長篇于東坡，欲其推尊王氏，詩曰：「昔日歐陽心獨苦，搜羅天下文中虎。未逢賈馬嗟誰有，崑體文章正旁午。一得眉山老翁語，始愜平生好奇古。騫騰鸞鳳螭虬侣，錦繡腎腸終

校勘記

【一】何用事此死聲活氣語也　「事」，宛委山堂本作「學」。

日吐。眉山跨馬挾雙龍，迤邐斜欹劍閣東。一息萬里先群雄，是日魯酒歸醇醲。仁廟當朝起數公，四時閶闔來清風。眉山秉筆摩蒼穹，稽首獻議何雍容。是時慶曆垂嘉祐，東省西垣半耆舊。一代偉人爭入彀，大開黄閣咸虚受。公時脱穎眉山後，歌向機雲同一奏。建安數子空鳴脰，集賢學士皆籠袖。玉人發馬下天階，華蓋星邊捧詔來。天子延英不浪開，爲公此日深徘徊。金吾侍側天顔低，上列四輔前三台。相與疇咨將相才，飄然八駿先龍媒。西京應制十八九，晁董褒然爲舉首。此輩昂藏希世有，劉蕡又作蛟龍吼。觀公舉動新人手，玉壺破碎珠囊剖。許國誠心仍貫斗，識者談之不容口。天公一見列詩曹，指揮姮娥供兔毫。公歌數闋風刁刁，若耶溪上皆停橈。郢客擲筆不敢操，楚人往往收《離騷》。李杜籓牆不甚牢，李白脱却錦繡袍。東風顛入五湖裏，萬籟聲聲酷龍耳。河伯江妃愁欲死，只恐公來搜見底。南登灞岸將何以，直節壯懷聊自倚。養得身長數千里，天地一夜雲雷起。官家内相能幾人，幾人到此陪經綸。天語丁寧下降頻，金蓮燭畔窺龍鱗。日曝花磚暖繡絪，鐶金佩玉何申申。姮娥唤作真麒麟，焉知韓李非前身。龍樓漏箭銅壺挹，隱約六階騶唱入。傳宣使者翻然集，月題控馬天門立。錦牋瓊管尚書給，九韶忽然如俯拾。宸恩四海周流及，武帝三封乃平揖。我宋修文偃武初，詞林翰苑森扶疏。竇儀陶穀端何如，峨冠曳履承明廬。艸昧功名向武夫，討論潤色姑徐徐。剪夷五代尊圖書，墨客稍稍躋天衢。中間作者相踵武，請試從頭爲君語。真宗皇帝親神寓，楊億風流玉堂處。傾金鑄瓦横尊俎，大笑哄堂任豪舉。逡巡百尺江南楮，密掃煤煙驟如雨。六一超然又不同，陳言萬紙一洗空。晉宋齊梁不待功，兩漢直抵元和中。龍驟鳳舉扶桑中，五綵射日呑長虹。滿堂玉磬諧金鐘，紛然和者如笙鏞。木鐸可憐聲獨悄，一振鏗然須大老。伊説數公無處討，蕭曹丙魏規模小。馬遷、班固工品藻，出處行藏何太少。升沉將相王侯了，經天緯地憑誰好？信知風采古爲多，堯舜文章焕若何。東作西成南已訛，真人更集滿東坡。夷夔禮樂俄森羅，黼黻郊廟金盤陀。羽毛率舞呈天和，高陽才子前賡歌。君哉頷首一俞爾，執簡抽毫無及矣。周公整頓乾坤已，開闔明堂復如此。從頭製作軒轅始，海獸山禽咸獻美。衮冕分明圭玉侈，六代光華藹天子。日月星辰續九天，蟲魚草木續山川。羣聖文章想亦然，百家妙理何周旋。離離黍稷春風前，東周一去追無緣。帝德王功只僅傳，廟堂急管催繁絃。巍哉孔子尊如帝，矯矯孟軻天莫制。斯文其喪今何在，鄒、魯邈然安可再？揚雄力寡知無奈，天禄校讐真末計。江海悠悠百川逝，回首相望幾千載。熙寧天子憫斯文，輾轉搜揚到海垠。丞相王公舉趾尊，委蛇二老西來賓。咀嚼六經如八珍，補葺東魯鉏西秦。天子資之又日新，八風自轉成天鈞。頃從孟子驅楊墨，他日淫詞又榛棘。豐鎬涼涼天空碧，中庸一路幾充塞。金陵爲此深求直，二十年來人稍識。求之左右逢皇極，內聖外王真準的。古人效學豐文斯，堂陛之間意已移。彝何虎蜼尊何犧，云何簠簋加靈龜。不然製作知無時，及魯詩書一貫之。明明古訓識者誰？百家效語如嬰兒。科斗六書藏屋壁，豈比鍾王論筆跡？會通意象如作易，不假言語含妙德。倘從對偶音聲覓，洙泗文章少平仄。解道雕蟲童子識，斯人稍得揚雄力。熙寧論譔復何慚，況把先儒衆説參。舉世傳經作指南，辟雍泮水堆牙籤。或者囂然痛欲殲，安得諸儒口遂鉗？聖主賢王實詢僉，公當一語令師嚴。翻思偃蹇熙寧末，苦信古書由世拙。金陵户外屨成列，禰衡一刺終漫滅。髣髴五經無二説，堂堂萬里星中月。欲論兩漢誰優劣，忽若吟蟬風脰咽。邊韶性懶讀書頑，病甚相如下筆慳。敢望言如霧豹斑，擔簦負笈徒間關。沂水春來粗解顔，浴沂童子彌春灣。先哲如龍尚許攀，鼓琴從之豈浪間。可憐道德共耕獵，何苦侯門俟彈鋏？不挾而來聊自愜，詡然夢爾爲蝴蝶。飲中數子劉伶俠，江外主人張翰懾。短舡下水輕仍捷，落帆解柂吴山脅。」東坡得詩，意不樂，然亦厚遇之，既乃謂人曰：「某詩亦佳，但觀其終篇，氣力盡于此矣，恐必不久。」已而果然。

逐象法

同舍鄭文振，潮陽人，言象爲南方之患，土人苦之，不問蔬穀，守之稍不至，踐食之立盡，性嗜酒，聞香輒破屋壁入于之。人皆于其來處架高木，若望火樓然，常有人直。象獨畏煙火，先用長竿接火把于其杪，望見其來，共然火把，持竿以指之，即去，隨之三數里，方敢回，恐重復來也。眼惡蠅蚋，有日色則不出。羣行者猶庶幾，惟獨行者最喜傷人，蓋勢孤，恐人害之也。土人懸巨石，設機壓之，不能殺。惟象鞋最妙，象鞋者，用厚木當中鑿之如深竅，劣容其足，中植大錐，其末上向，于竅之外周回峻鑿之，如今之唾盂而加峻密，密埋于其往來之所，出草覆之。倘投足木上，必滑下竅中，其身既重，錐洞貫其足，不能自拔，即仆，負其痛，莫能展轉，謂之著鞋。然猶能以牙傷人，人未敢近。數日後稍困，則衆槍攢殺之，而分其肉，留其皮，趁濕切作條絣，乾作連枷等用。自潮陽來，必經由嶴江嶺，此處最多，先使人行前探之，或遇其大羣，有俟數日不去，不敢行者。監司巡歷，則起保甲鳴鑼皷趕逐之，頑然若不聞也，必俟其自散去，乃敢過。

暘谷漫録

洪巽　撰

京都中下之户不重生男，每生女則愛護如捧璧擎珠。甫長成，則隨其姿質教以藝業，用備士大夫採拾娛侍，名目不一，有所謂身邊人、本事人、供過人、針綫人、堂前人、劇雜人、拆洗人、琴童、棋童、廚娘，等級截乎不紊。就中廚娘最爲下色，然非極富貴家不可用。予以寶祐丁巳參闈【一】，寓江陵，嘗聞時官中有舉似其族人置廚娘事，首末甚悉，謾中之以發一笑。其族人名某者，奮身寒素，已歷二倅一守，然受用淡泊，不改儒家之風。偶奉祠居里，便嬖不足使令，飲饌且大粗率。守念昔留某官處，晚膳出京都廚娘調羹極可口，適有便介如京，謾作承受人書，囑以物色，價不屑較。未幾，承受人復書曰：「得之矣。其人年可二十餘，近回自府第【二】。有容藝，能筭能書，旦夕遣以詣，直不二。」旬月果至。初憩五里頭時，遣脚夫先申狀來，乃其親筆也，字畫端楷，歷敘慶幸【三】，即日伏事左右，千乞以回轎接取，庶成體面。辭甚委曲，殆非庸碌女子所可及。守一見，爲之破顔。及入門，容止循雅，紅衫翠裙，參侍左右乃退。守大過所望，小選親朋輩，議舉杯爲賀。廚娘亦遽致使廚之請，守曰：「未可展會，明日且具常食五杯五分。」廚娘請食品、菜品資次，守書以示之。食品第一爲羊頭僉，菜品第一爲葱虀，餘皆易辨者。廚娘謹奉旨，數舉筆硯具

校勘記

【一】予以寶祐丁巳參闈　「闈」，宛委山堂本及張宗祥校勘記作「闠」。

【二】近回自府第　「第」原作「地」，據宛委山堂本及張宗祥校勘記改。

【三】歷敘慶幸　「幸」原作「新」，據宛委山堂本及張宗祥校勘記改。

物料，内羊頭僉五分，合用羊頭十箇，葱蒜五樸，合用葱五斤，他稱是。守因疑其妄，然未欲遽示以儉鄙，姑從之而密覘其所用。翌旦，廚師告物料齊。廚娘發行奩，取鍋、銚、盂、勺、湯盤之屬，令小婢先捧以行，熣燦耀目，皆白金所爲，大約正該五七十兩。至如刀砧雜器，亦一一精緻，傍觀嘖嘖。廚娘更圍襖圍裙，銀索攀膊，掉臂而入，據坐胡床，徐起切抹批臠，慣熟條理，真有運斤成風之勢。其治羊頭也，漉置几上，剔留臉肉，餘悉擲之地。衆問其故，廚娘曰：「此皆非貴人之所食矣。」衆爲拾置他所，廚娘笑曰：「若輩真狗子也。」衆怒，無語以答。其治葱虀也，取葱徹微過湯沸，悉去鬚葉，視樸之大小，分寸而裁截之，又除其外數重，取條心之似韭黄者，以淡酒醯浸噴，餘棄置，了不惜。凡所供備，馨香脆美，濟楚細膩，難以盡其形容。食者舉筯無贏餘，相顧稱好，既撤席，廚娘整襟再拜曰：「此日試廚，幸中台意，照例支犒。」守方遲難，廚娘曰：「豈非待檢例耶？」探囊，取數幅紙以呈，曰：「是昨在某官處所得支賜判單也。」守視之，其例每展會支賜或至千券數疋，嫁娶或至三二百千雙疋，無虚拘者。守破慳勉强，私切喟歎曰：「吾輩事力單薄，此等筵宴不宜常舉，此等廚娘不宜常用。」不兩月，託以他事，善遣以還。其可笑如此。

「齊大饑，黔敖爲食于路，以待餓者而食之。有餓者蒙袂輯屨，貿貿然來。黔敖左奉食，右執飲，曰：『嗟，來食！』揚其目而視之，曰：『予唯不食嗟來之食，以至于斯也。』從而謝焉，終不食而死。」且以文意言之，「揚其目而視之」，「終不食而死」，其上皆當有「餓者」二字；「從而謝焉」，其上當有「黔敖」二字。《檀弓》省字如此。

子鼠、丑牛、寅虎、卯兔、辰龍、巳蛇、午馬、未羊、申猴、酉雞、戌犬、亥豬爲十二相屬，前輩俱未有明所以取義者。予曩見日家璩公選云【四】：「子、寅、辰、午、申、戌俱陽，故取相屬之奇數以爲名。鼠五指，虎五指，龍五指，馬單蹄，猴五指，狗五指。丑、卯、巳、未、酉、亥俱陰，故相屬之偶數以爲名。牛四爪、兔兩爪、蛇雙舌、羊四爪、雞四爪、豬四爪。」其説極有理，必有所據，惜不及詳問之。今璩已下世久矣，不敢掩其善，遂筆于此。

世俗爲善謔者，多拆字爲謎，然無理處極多，不足傳説。曩記同僚胡推坐間舉「儉」字謎：「一人立，三人坐。兩人小，兩人大。其中更有一二口，此予如何過？」恐必有所本，非一時所能撰。其正大明白，真善謔而有益者，豈特可助談話而已，故筆之也。

友人張堂宗召以片紙録奇竹事云：同邑安福西鄉地名下莊，有周俊叔者嘗得十二時竹一根于某州，植之家庭，非土地所生，風氣所宜也。久不筍，及筍矣，又多憔悴不茂，故歷十有餘年，筍而竹者纔十之三。竹繞節所生子、丑、寅、卯、辰、巳、午、未、申、酉、戌、亥十二字，點畫可數。予喜而請曰：「造化生物之妙一至此，夫前事固未之見聞也。煩君轉覓一枝，遺予杖策，庶日日摩挲，時時警省，是亦前人惜寸陰分陰之義。雖然，予愛奇，周亦愛奇，未必周之能割愛否也。」宗召曰：「周固愛奇，然分以遺愛奇者，是爲真愛奇者也。吾必有以復命，而表吾言之不妄矣。」

【四】璩公選云　「璩」原作「遽」，據宛委山堂本改，下同。

道字有數義：「非先王之法言不敢道」，此類爲道説；「何莫由斯道也」，此類訓道爲導；「道千乘之國」，此類訓道爲治；「可離非道也」，此類訓道爲理。以今俗語，官員銜位爲一道官銜，衣服領縁爲一道領縁，大概以道訓路。至于官司符引據牒亦曰幾道，士之文義策論亦曰幾道，則未詳訓義。

雞林類事

孫穆撰

高麗王建自後唐長興中，始代高氏爲君長。

傳位不欲與其子孫【一】，乃及於弟。生女不與國臣爲姻，而令弟兄自妻之，言王姬之貴，不當下嫁也。國人婚嫁無聘財，令人通説以米食爲定；或男女相欲爲夫婦，則爲之。夏日羣浴於溪流，男女無別。瀕海之人潮落舟遠，則上下水中男女皆露形。父母病，閉於室中，穴一孔與藥餌。死不送。

國城三面負山，北最高峻，有溪曲折貫城中；西南當下流，故地稍平衍。城周二十餘里，雖沙礫築之，勢亦堅壯。

國官月六參，文班百七十員【二】，武班五百四十員，六拜蹈舞而退，國王躬身還禮。稟事則膝行而前，得旨，復膝行而退，至當級乃步。國人卑者見尊者亦如之。其軍民見國官甚恭，尋常則胡跪而坐。官民子拜父，父亦答以半禮。女僧尼就地低頭對拜。

夷俗：不盜，少爭訟。國法至嚴，追呼唯寸紙，不至即罰。凡人詣官府，少亦費米數斗，民貧甚憚之。有犯不去巾，但褫袍帶。杖笞頗輕，投束荆，使自擇，以牌記其杖數。最苦執縛，交臂反接，量罪爲之。自一至九，又視輕重制其時刻而釋之，唯死罪可久。甚者

校勘記

【一】傳位不欲與其子孫　「子」原脱，據宛委山堂本補。

【二】文班百七十員　「百七十員」，宛委山堂本作「七百十員」。

髀脾骨相磨，胸皮拆裂。凡大罪，亦刑部拘役也。周歲待決，終不逃其法。惡逆及罵父母乃斬，餘止杖肋，亦不甚楚，有賂或不免【三】。歲以八月論囚，諸州不殺，咸送王府。夷性仁，至期多赦者，或配送青嶼黑山，永不得還。

五穀皆有之，粱最大。無秫糯，以粳米爲酒。少絲蠶，每羅一疋值銀十兩【四】，故國中多衣麻苧。地瘠，唯産人參、松子、龍鬚布、藤席、白硾紙。日早晚爲市，皆婦人挈一柳箱。小一升有六合【五】，爲一刁，以升爲刁。以稗米定物之價而貿易之，其他皆視此爲價之高下。若其數多則以銀瓶，每重一斤，工人製造用銀十二兩半，入銅二兩半，作一斤，以銅當工匠之直。癸未年，倣本朝鑄錢交易，以「海東重寶」、「三韓通寶」爲記。

方言：天曰漢捺。日曰姮。月曰契。黑隘切。雲曰屈林。風曰孛纜。雪曰敕。雨曰霏微。雪下曰敕恥，凡下皆曰恥。雷曰天動。雹曰霍。電曰閃。霜露皆曰率。霧曰蒙。虹曰陸橋。鬼曰幾沁。神曰神道。佛曰孛。僊人曰僊人。一曰河屯。二曰途孛。三曰拪。廝乃切。四曰迺。五曰行戌。六曰逸戌。七曰一急。八曰逸答。九曰鴉好。十曰噎。二十曰戌没。三十曰戌漢。四十曰麻刃。五十曰舜。六十曰逸舜。七十曰逸短。八十曰逸頓。九十曰鴉訓。百曰醞。千曰千。萬曰萬。旦曰阿摻。午曰捻宰。暮曰占捺。或言占没。前曰訖載。昨日曰訖載。今日曰烏捺。明日曰轄載。後日曰母魯。約明日至曰轄載烏受勢。凡約日至皆曰受勢，明年春夏秋冬同。上曰頂。下曰底。東西南北同。

【三】有賂或不免　「賂」原作「降」，據宛委山堂本改。

【四】每羅一疋值銀十兩　原作「每一銀值羅十兩」，據宛委山堂本改。

【五】小一升有六合　「小一升」，宛委山堂本作「一小升」。

土曰轄希。田曰田。火曰孛。山曰每。石曰突。水曰没。海曰海。江曰江。溪曰溪。谷曰丁蓋。泉曰泉。井曰烏没。草曰戍。花曰骨。木曰南記。竹曰帶。果曰果。栗曰監。銷檻切。桃曰枝棘。松曰鮓子南。胡桃曰渴未。柿曰坎。梨曰敗。林禽曰悶子計。漆曰黄漆。茭曰質姑。雄曰鶻試。雌曰暗。雞曰啄。音達。鷺曰漢賽。鳩曰于雄。雉曰雉賽。鴿曰弼陀里。鵲曰則寄。鶴曰鶴。鴉曰打馬鬼。隼曰笑利彖畿。禽皆曰雀譯。雀曰賽。斯乃反。虎曰監。蒲南切。牛曰燒。去聲。羊曰羊。猪曰突。犬曰家豨。貓曰鬼尼。鼠曰觜。鹿曰鹿。馬曰末。乘馬曰轄打。平聲。皮曰渴翅。毛曰毛。角曰角。龍曰珍。魚曰水脱。剔曰切。鱉曰园。蟹曰慨。鰒曰必。螺曰蓋慨。蛇曰蛇。蠅曰蠅。螘曰螻蟻。蝨曰祝。蚤曰批動。蟣曰側根施。墓曰蛇鏞。人曰人。主曰主。客曰孫。命官曰員理。士曰進。音佟切。吏曰主事。商曰行身。工匠曰把指。農曰宰把指。兵曰軍。僧曰福田。尼曰阿尼。遊子曰浮浪人。丐曰丐剥。倡曰水作。盗曰案兒。倡人之子曰故作。樂工曰亦故作。多倡人子爲之。稱我曰能。奴台反。問爾汝誰何曰餧箇。祖曰漢了祕。父曰了祕。母曰了彌。伯叔皆曰了查祕。叔伯母皆曰了子彌。兄曰長官。嫂曰長官漢吟。姊曰婛妹。弟曰了兒。妹曰了慈。男子曰沙喃。女子曰漢吟。自稱其夫曰沙會。妻亦曰漢吟。自稱其妻曰細婢。亦曰陟臂。男兒曰了姐。亦曰案記。女兒曰寳姐。亦曰古召盲曹兒。父呼其子曰了加。孫曰了寸曰了姐。舅曰漢子祕。姑曰漢子彌。婦曰了寸。母之兄曰訓囕。母之弟曰次囕。姨妗亦皆曰了子彌。頭曰麻帝。髮曰麻帝核試。面曰捺翅。眉曰嫩步。眼曰嫩。耳曰瑰。口曰邑。齒曰你。舌曰竭。面美曰捺翅朝勳。面醜曰捺翅没朝勳。心曰沁。音尋。身曰門。胸曰軻。背曰腿馬末。腹曰擺。手曰遜。足曰潑。肥曰骨鹽真。亦曰鹽骨易成。瘦曰安里鹽骨真。洗手曰遜時蛇。凡洗濯皆曰時蛇。白米曰漢菩薩。粟曰田菩薩。麥曰祕。豆曰火。穀曰田麻帝骨。酒曰酥孛。醋曰生根。醬曰祕祖。鹽曰酥甘。油曰畿入聲。林。魚、肉皆曰姑記。飯曰朴舉。餅曰模做。茶曰茶。湯曰湯水。飲酒曰酥孛麻蛇。凡飲皆曰麻蛇。暖酒曰蘇孛打里。凡安排皆曰打里。勸客飲盡食曰打馬此。醉曰蘇孛速。不善飲曰本道安理麻蛇。熱水曰泥根没。冷水曰時根没。飽曰擺咱。土加反。飢曰擺咱安里。金曰那論義。珠曰區戌。銀曰漢歲。銅曰銅。鐵曰歲。絲曰絲。麻曰麻。羅曰速。錦曰錦。綾曰菩薩。絹曰及。布曰背。苧曰毛施。苧布曰毛施背。幞頭曰幞頭。帽子曰帽。頭巾曰上倦。袍曰袍。帶曰腰帶。亦曰子帶。褐皂衫曰珂門。被曰尼不。袴曰珂背。裩曰安海珂背。裙曰裙。鞋曰盛。襪曰背成。女子蓋頭曰子母蓋。斜曰板捺。夾袋曰男子木蓋。女子勒帛曰實帶。緜曰實。繡曰繡。白曰漢。黄曰那論。青曰青。紫曰質背。黑曰黑。赤曰赤。紅曰真紅。緋曰緋。染曰没涕里。秤曰雌孛。尺曰作。升曰刀。音堆。斗曰抹。印曰印。車曰車。船曰擺。席曰蓌。音席。薦曰質薦。倚子曰馳馬。卓子曰食床。牀曰牀。燭曰火炬。簾曰箔。音登。燈曰活黄。下簾曰箔耻具囉。匱曰枯孛。傘曰聚笠。扇曰孛采。笠曰蓋。音渴。梳曰笓。音必。篦曰頻希。齒刷曰養支。合曰合子。盤曰盤。瓶曰瓶。銀瓶曰蘇乳。酒注曰瓶碗。盞盤曰臺盞。釜曰吃。枯吃反。盆曰鴉救耶。鬲曰窣。碗曰已題。楪曰楪至。盂曰大耶。匙曰戌。茶匙曰茶戌。箸曰折。之吉反。沙羅曰戌羅。亦曰敖耶。硯曰皮盧。筆曰皮盧。紙曰捶。墨曰墅。刀子曰割。剪刀曰割子蓋。骰子曰節。鞭曰鞭。鞍曰末鞍。轡曰轡頭。鼓曰濮。祺曰祺。弓曰活。箭曰薩。亦曰矢。劍曰長刀。大刀曰訓刀。斧曰烏子蓋。炭曰蘇戌。柴曰孛南木。香曰寸。索曰鄒。又曰朴。索縛曰郝木香。射曰活孛。讀書曰赴鋪。寫字曰乞核薩。畫曰乞林。榜曰柏子。寢曰作之。興曰你之。坐曰阿則家。立曰囉。卧曰吃寢。行曰欺臨。走曰速行打。來曰烏囉。去曰匿家入囉。笑曰胡臨。哭曰胡往。客至曰孫烏囉。有客曰孫集移室。延客入曰屋裏坐少時。語話曰替黑受勢。繫考曰室打里。決罪曰滅知衣底。借物皆曰皮離受勢。問此何物曰設審。乞物曰念受勢。問物多少曰密翅易成。凡呼取物皆曰都囉。相别曰羅戲少時。凡事之畢皆曰得。勞問曰雅蓋。生曰生。死曰死。老曰刀斤。少曰亞退。存曰薩囉。亡曰朱幾。有曰移實。無曰不烏實。大曰黑根。小曰胡根。多曰釁何支。少曰阿捺。高曰那奔。低曰捺則。深曰及欣。淺曰泥底。

上庠録

呂榮義　撰

政和元年，尚書蔡嶷爲知舉，尤嚴挾書。是時有街市詞曰《侍香金童》方盛行，舉人因以其詞只改十五字，作《懷挾詞》云：「喜葉葉地，手把懷兒摸。甚恰限，出題厮撞着。内臣過得不住脚。忙裏只是看來班駁。這一身冷汗，都如雲霧薄。比此年時頭勢惡。待檢又還猛相度。只恐根底，有人𢱢着。」

長慶三年正月，禮部侍郎王起奏曰：「伏以禮部放榜之後，遠誤傳非便。臣請今年進士堪及第者，本司考試訖，其詩賦先進中書門下詳覆，勑却下本司，然後准例大字放榜。」從之。

唐制：禮部試舉人，夜以三鼓爲限。本朝率用白晝，不許繼燭。

陳彭年任翰林學士，求對，歸詣政府，王文正公旦延見之。陳起呈其狀曰「科場條貫」，公投之於地曰：「内翰做官幾日，待隔截天下進士。」陳惶懼而退。

長安舉子六月後落第者不出京剎口，過夏，借浄坊廟院作文章，曰夏課。時語曰：「槐花黄，舉子忙。」故翁承贊有詩云：「雨中粧點望中黄，勾引蟬聲噪夕陽。憶得當年隨計吏，馬蹄終日爲君忙。」

咸通十一年，以龐勛盗據徐州，人屯戍卒，連年飛輓，物力方虚，因詔權停貢舉一年。是歲進士盧尚卿自遠至關，聞詔而迴，乃賦《東歸》詩曰：「九重丹詔下塵埃，深瑣文闈罷選才。桂樹放教遮月長，杏園終待隔年開。自從玉帳論兵後，不許金門諫獵來。今日霸陵橋上過，關人應笑臘前迴。」

裴思謙狀元及第，以紅牋作名紙，謁平康里諸妓，因宿于里中，有詩曰：「銀釭斜背解鳴璫，小語低聲唤玉郎。從此不知蘭麝貴，夜來新惹桂枝香。」

李翺尚書牧江淮郡日，進士盧儲捲卷來謁，李禮待之，置文卷几案間，赴公宇視事。長女及笄，見文，尋繹數四，謂小青衣曰：「此人必爲狀元。」李公聞之，深異其語，乃慕爲壻。來年果狀元及第，纔過殿試，徑成佳姻，詩曰：「昔年曾去玉京遊，第一仙人許狀頭。今日已成秦晉約，果教鸞鳳下粧樓。」

澹山雜識

錢　功　撰

族嬸兇虐

予有族叔景直供奉，娶宗室女，屢殺婢使。元符中，直爲高郵酒官，予曾飯于其家，見婢子二人出執酒器，口豁逾寸，耳垂及項，面目淋漓，腰背傴僂，真地獄中囚徒也。駭汗不能食，亟出，謂叔曰：「何致若此？」直但太息不敢言。明年，聞猝死乃夫，又移其長子，止與其婿同載歸。其婿亦宗室子，是其親姪也。自高郵攬載客貨并客之二婢，至穀熟，風雨夜投入汴河。其後事敗，聞全家死獄中，嬸亦鎖囚之云。

蠅子入水心亭

張文潛喜飲酒，能及斗餘，每過先君，未嘗不醉。吾家酒器，唯銀葵花最大，幾容一升。一日，先君以盤盞飲文潛，意不快，謂先君曰：「願借水心亭飲之。」先君即命換盞，且問文潛所以名，文潛曰：「飲必有餘瀝，蠅子正飛在盞蕊上，豈非人之水心亭乎？」坐客皆大笑。

産鯉魚

予爲海州太守，或云郡門外有魚羹飯店家，一婦産鯉魚十四頭，相續而出，極爲痛楚，生畢而斃，魚獨無恙。予初未之信，臨行，飯于天寧，正見其夫爲作齋，呼來問之，信然。

維揚無燕子

予自少年愛維揚，欲卜居，自兖守罷，遂築室于揚，亦既五年。忽春深，巢燕不歸。意已疑之，默訪諸寺觀州宅，皆不至。不二年，一城丘墟矣。

獄囚自脱枷杻

謝寶文景温初任爲獄官，忽倉皇自外入，急闔中門。家人問之曰，但云有囚善作法，已自脱去枷杻，勢必見害。其家有一老僕告之曰【一】：「可速往取筆榻子，榻其兩中指，復杻之，必無能爲。」景温亟出，用其言，賊遂不能神。

東坡借磚

某年十三歲時，見東坡過先君，具言世有豪傑之士，隱而不見于世者。吾鄉隱居君

【一】其家有一老僕告之曰　「僕」原作「獲」，據宛委山堂本改。

子，予失其姓名。世居眉山之中。坡節葬時會，期日已迫，而墓磚未足，謀之于人，皆曰：「當往見此君，則立可辦也。但多游獵，又所居山林敻絶，未易見之，試往圖之。」東坡凡兩日始得至其居，又俟至日昃，伏于道左，方見其從數騎歸，乃整少年也。既下馬，始通謁，少年易服出迎于門外，執禮無違。坐定，問其所以，東坡具以告，少年曰：「易事爾，已具飯，且宿于此，當令如期辦所須。」少頃，數青衣童跪進盤餐，皆今日所擊之鮮也。進酒數大白，飲啖旁若，食兼數人，飯畢，始從容對榻。翌日，遣僕馬送坡下山。三日無耗，明日且下手破土，坡甚疑悔，欲罪元告者。是夕至晚，磚猶無一口至者，明日曉，視其墓地之側，則五萬口斬斬然羅列矣。衆皆驚嘆，事畢再往謁謝，卒不得見，送所直，亦不得達，豪傑士哉！

龐安時

龐安時，蘄州蘄水人也。隱于醫，四方之請者日滿其門。安時亦饒于田產，不汲汲于利，故其聲益高。余嘗見其還自金陵，過池陽，先君命予往謁之，隨行四五大官舟，行李之盛侔部使者，一舟所載聲樂也，一舟輜重也，一舟廚傳也，一舟諸色伎藝人無不有也。然其人自言重聽，不肯入京，或謂不然，醫之妙，亦近世所無也。

植跋簡談

錢康公　撰

改名

漢獻帝禪位之歲，改元延康。蜀後主亡國之歲，改元炎興。晉愍帝失位之歲【一】，改建鄴郡爲建康郡【二】。宣和間，朝廷謂端明殿非本朝殿，改官制曰延康殿學士。靖康二年，今上即位，法東漢中興建武之號改曰建炎；己酉歲，駐蹕江寧府，以江寧昔號建康，與藩邸王封符合，今上舊封康王。改名建康府。三名者皆出一時所見，而不知乃前代季末之稱也，故識者憂之。

平江府州署之南名吴會黄外反。坊，按《漢·蔡邕傳》：「亡命江海，遠迹吴會。」注引會稽高遷亭竹椽爲笛事。又諸葛亮説荊州形勢曰：「東連吴會。」王羲之爲會稽内史時，朝廷賦役繁重，吴會尤甚。石崇論伐吴之功曰「吴會僭逆」，指孫氏。則吴會當是吴郡與會稽，猶言吴越也，蓋不獨謂姑蘇。今坊名吴會，未知何據而然？《前漢·吴王濞傳》云「患吴人輕悍」，即無會也。

温州作蠲紙，潔白緊滑，大略類高麗紙。東南出紙處最多，此當爲一焉，自餘皆出其

校勘記

【一】晉愍帝失位之歲　「晉」原闕，據宛委山堂本補。又「失」字，宛委山堂本作「即」。

【二】改建鄴郡爲建康郡　「爲建康郡」原闕，據宛委山堂本補。

下，然所作至少，政和以來方入貢，權貴求索浸廣，而紙户力已不能勝矣。吴越錢氏時，供此紙者蠲其賦役，故號蠲紙云。

治平中，禁中修寧殿築基址，殿心數尺地隨築隨陷，復增土實之，更反窊，咸怪訝之。乃穴所陷處深丈許，得一石，有八大字，皆天書不可曉。時御書院有能解者，辨釋云「歲在申酉，汴都不守」也。時諱其事，立棄毁之。其後屢更申酉，皆無他。靖康乙巳、丙午金人再犯闕。丁未四月，二帝北狩，今上即位于南京，已而駐蹕維揚，命宗澤留守東京，增修守備。澤死，杜充代之，皆能以危爲安，京城賴以保全。至己酉春，金人牧馬淮甸，大驚，南渡赴行在，而東京遂不復守矣。天書至乃其目擊也，每遇申酉歲輒註之曰：「今年亦無他。」自治平至建炎九年，經六申酉，子中死，又三遇申酉。前此經而不驗者，豈非人事勝之乎？故曰天亦因人。

予嘗評花品，以爲梅有林下之風，杏有閨門之態，桃如倚門市娼，李如東門貧女。

予嘗謂近世鉅公歐陽文忠似韓退之，司馬文正似蘧伯玉，荆公似王夷甫，蘇東坡似司馬遷。夫人而能言之，然其所以似之者，人或不能知也。

陵陽先生室中語

范季隨　撰

已下論詩。僕嘗請益作詩下字之説法當如何【一】，公曰：「正如弈棋【二】，三百六十路都有好著，顧臨時如何耳。」

公云：詩道無有窮盡，如少陵出峽，子瞻過海後詩愈工。若使二公出峽過海後未死，作之不已，則尚有妙處，又不止于是也。

又云：大槩作詩要從首至尾，語脈聯屬，有如理詞狀。古詩云：「唤婢打鴉兒，莫教枝上啼。啼時驚妾夢，不得到遼西。」可爲標準。

又云：目前景物，自古及今，不知凡經幾人道過【三】。今人一下筆要不蹈襲，故有終篇無一句可解者，蓋欲新而反不可曉耳。

又云：杜少陵作八句近體詩，卒章有時而對，然語意皆卒章之詞。今人學之，臨了却作一景聯，一篇之意無所歸，大可笑也。

又云：《明妃曲》，古今人所作多矣，今人多稱王介甫者。白樂天只四句，含蓄不盡之意，云：「驛使歸時頻寄語，黄金早晚贖蛾眉？君王若問妾顔色，莫道不如宫裡時。」

又云：唐末人詩雖格致卑淺，然謂其非詩則不可。今人作詩雖句語軒昂，但可遠聽，

校勘記

【一】僕嘗請益作詩下字之説法當如何　「作詩」二字原闕，據宛委山堂本補。

【二】正如弈棋　「弈」原作「變」，據宛委山堂本改。

【三】不知凡經幾人道過　「過」原闕，據宛委山堂本補。

其理略不可究。

一日有坐客問公曰：「全用古人一句可乎？」曰：「然。如少陵詩云『使君自有婦，而無車馬喧』之類是也。」

家父嘗具飯招公與吕十一郎中昆仲。吕郎中先至，過僕書室取案間書讀，乃《江西宗派圖》也。吕云：「安得此書？切勿示人，乃少時戲作耳。」他日公前道此語，公曰：「居仁却如此説。《宗派圖》本作一卷，連書諸人姓字，後豐城邑官開石，遂如禪門宗派，高下分爲數等，初不爾也。」

北風揚沙録

陳準　撰

金國本名朱里真，番語舌音訛爲女真，或曰慮真，避契丹興宗真名，又曰女直，肅慎氏之遺種，西海之别族也。或曰三韓辰韓之後，姓拏氏，于夷狄中最微且賤。唐貞觀中，靺鞨來中國，始聞女真之名。世居混同江水東長白山，鴨緑水之源，南鄰高麗，北接室韋，西界渤海鐵離，東瀕海。《三國志》所謂「挹婁」，元魏所謂「勿吉」，唐所謂「黑水靺鞨」者，今其地也。有七十二部落，不相統制。契丹阿保機乘唐衰，興北方，吞諸番三十六，女真在其中。阿保機恐女真爲患，誘豪左數千家，遷之遼陽之南而著籍焉，使不得與本國通，謂之合蘇隸。自咸州東北分界入宫口，至東沫江，中間所居之女真，隸契丹咸州兵馬司，與其國往來無禁，謂之回霸。合蘇隸者，熟女真也。回霸者，非熟女真，亦非生女真也。自東江之北【一】，寧江之東，地方千餘里，户十餘萬，無大君長，亦無國名。散居山谷間，自推豪俠爲酋長，小者千户，大者數千，則謂之生女真，七十二部落之一也。僻處契丹東北隅，地多山林，屋無瓦，覆以板或樺皮，牆壁亦木爲之。産名馬、生金、大珠，頗事耕藝而不蠶桑，人多衣布。冬極寒，盛夏如中國十月時。屋絶高數丈【二】，獨開東南一扉，扉揜復以艸綢繆之。環屋爲土床，熾火其下，而寢食起居其上。衣厚毛爲衣，非入屋不撤，

校勘記

【一】自東江之北　「東」，宛委山堂本作「束」。

【二】屋絶高數丈　「絶」，宛委山堂本作「纔」。「丈」，宛委山堂本作「尺」。

衣屨稍薄，則墮指裂膚。臣屬契丹二百餘年，世襲節度使封號，兄弟相傳，周而復始，間歲以北珠、貂樺【三】、名馬、良犬爲貢，亦服叛不常。契丹謂之女真道【四】，羈縻而已。俗勇悍，耐饑渴辛苦，騎上下崖如飛，濟江河不用舟楫，浮馬而渡。人皆辮髮，與契丹異。耳垂金環，留臚後髮，以色絲繫之。富人用珠金爲飾，男子亦衣紅黄，與婦人無别。嗜酒而好殺，無常居，善爲鹿鳴，呼鹿而射之，生啖其肉。醉則縛之而俟其醒，不爾殺人，雖父母不辨也。與契丹言語不通而無文字，賦斂調發，刻箭爲號，事急者三刻之。謂好爲臧，謂不好爲刺撒，謂酒爲勃蘇，謂誤殺爲蒙山不屈花不刺【五】。官之尊者以九曜、二十八宿爲號，職皆曰勃極列，猶中國總管，蓋糾官也。自五户勃極列推而上之，至萬户，皆自統兵，緩則射獵，急則出戰。宗室皆謂之郎君，無大小必以郎君總之，雖卿相亦拜馬前，而郎君不爲禮，役使之如奴隸。凡用兵，戈爲前行，號曰硬軍。人馬皆金甲刀棓自副，弓矢在後，設而不發，非五十步不射，弓力不過也【六】。箭鏃至六七寸，形如鑿，入不可出，人攜不滿百枝。其法十、五、百皆有長，五長擊柝，行長執旗【七】，百長挾鼓，千人將則旗幟金鼓悉備。五長戰死，四人皆斬；行長戰死，伍長皆斬；百長戰死，行長皆斬。能負同伍戰没之屍以歸，即得其家資。凡將皆執旗，人視其所向而趨，自主將至卒皆自馭，無從者。以粟粥燔肉爲食，上下無異品。國有大事，適野環坐，畫灰而議，自卑者始，議畢即漫滅之，不聞人聲，其密如此。軍將行，大會而飲，使人獻策，主帥聽而擇焉，其合者即爲將，任其

【三】貂樺　「樺」，宛委山堂本作「革」。

【四】契丹謂之女真道　「道」原作「通」，據宛委山堂本改。

【五】謂誤殺爲蒙山不屈花不刺　「誤」，宛委山堂本作「棓」。

【六】弓力不過也　「也」，宛委山堂本作「七斗」。

【七】行長執旗　「行長」，宛委山堂本作「什长」。下文同。

事。師還，有大會，問有功者，隨功高下與之金【八】，舉以示衆，衆以爲薄，復增之。法令嚴，殺死人者，仍没其家人爲奴婢，親戚欲得，則輸牛馬贖之。盜一責十，以六歸主而四輸官。其他罪無輕重悉笞背。守一州則一州之官許專決，守一縣則一縣之官許專決，取民財者無罪。凡在官者，將罪，坐之廊，賜以酒，官尊者杖于堂上已，下復視事如故。宋朝建隆二年始遣使來朝，貢方物、名馬、貂皮。

【八】隨功高下與之金　宛委山堂本「金」下有「帛」字。

聞見録

羅點　撰

歐公既作《唐書紀》，見諸傳不能盡善，乃令宋景文公各自出所著姓名，宋大喜，以爲前此作史皆一人專之，歐公乃能不掩衆人之名，不悟其用意也。

自縊死者，其下必有麩炭，日深一日，速掘去之，則禍止。溺水者裸，雷死者不可葬，虎傷食者自解衣掛樹上。此皆不可曉也。

「鳳凰鳴矣，於彼高岡。梧桐生矣，於彼朝陽。」自唐人有「鳳鳴朝陽」之語，而承流不覺。諼草、北堂謂妻也，今皆作母事。嚶嚶兩鳥鳴，今以出谷求友爲黄鶯事，非也。折桂事無出處，范蠡、西子事無出處。

《墓田帖》，王羲之臨鍾繇書，南唐墨寶堂石也，今在邵村家，但已損，不堪旃拓從事。

紹興間内宴，有優人作善天文者云：「世間貴官人必應星象，我悉能窺之。法當用渾儀，設玉衡，若對其人窺之【一】，見星而不見人。玉衡不能卒辦，用銅錢一文亦可。」乃令窺光堯，云帝星也；秦師垣，曰相星也；韓蘄王，曰將星也【二】；張循王，曰不見其星。衆駭，復令窺之，曰：「中不見星，只見張郡王在錢眼内坐耳。」殿上大笑。張最多貲，故譏之。

校勘記

【一】法當用渾儀設玉衡若對其人窺之　十四字原闕，據宛委山堂本及張宗祥校勘記補。

【二】韓蘄王曰將星也　七字原闕，據張宗祥校勘記補。

有一士大夫年老納二寵，託其友命名，友以「忠奴」、「孝奴」名之，其人曰：「忠孝誠美名，然以命婢不稱。」友曰：「有出處，『孝當竭力』，『忠則盡命』。」

《道樞》之説博而寡要。王清叔云：「莫要於龍虎交。」其説以巳、午兩時絶思慮假寐，則龍虎自交，不假修爲。其寵姬苦骨蒸，授以此法，十日後，自覺腰間暖如火，疾自愈。

後漢二十八將，名次不可曉。第一人鄧禹，顯者也；第二人馬成，無聞焉；第三人吴漢，顯者也；第四人王梁，無聞焉；第五人賈復，顯者也；第六人陳俊，無聞；第七人耿弇，顯者也；第八人杜茂，無聞。首尾皆然，立功次序不應相間雜如此。薛伯宣常云：「舊本《漢書》作兩重排列，謂上一重禹居首，次吴漢，次賈復，次耿弇；下一重首馬成，次王梁，次陳俊，次杜茂。後人重刊，遂錯誤。」此極有理。范曄論云：「其外又有王常、李通、竇融、卓茂，合三十二人。」今本乃以王常、臧宫、李通、馬武、竇融、卓茂爲序，則將上下重誤合而爲一，明矣。

因話録

曾三異 撰

柘枝

舞柘之本，出柘拔氏之國，流傳誤爲柘枝也，以其字相近耳。

撚梢子

鼗鼓，古樂也。今不言播鼗而曰「撚梢子」，世俗之陋也。又如擊鼓云超舞、云紐縮之類甚多。

散樂路岐人

散樂出《周禮注》云「野人之能樂舞者」，今乃謂之路岐人。此皆市井之談，入士大夫之口而當文之，豈可習爲鄙俚？

簫箏

古簫，都下所謂排簫是也。今言簫管，而管乃别器。箏，秦樂也，乃琴之流。古瑟五十絃，自黄帝令素女鼓瑟，帝悲不止，破之，自後瑟止二十五絃。秦人得古瑟，兄弟爭之，又破爲二，箏之名自此始。今之制十三絃，而古制亦有十二絃者，謂之秦箏。世俗有樂器而小，用七絃，名軋箏，今乃謂之纂。如是則簫管以二物爲一名，纂箏以一名爲二物矣。或云蒙恬分瑟爲兩，則恐無爭之義。

交椅

交椅謂之繩牀，夷狄所制，歐公不御。易玄子曰：「倚字正當如此寫。」

比疏

古者尚沐浴，故治髮之具櫛而已。《玉藻》曰：「沐稷而靧粱，櫛用樿櫛，髮晞用象櫛。」如此而已。然櫛已有比之義，《詩》云：「其比如櫛。」《箋》謂：「相迫近也。」至《漢書》所言「比疏」，則視樿櫛爲加密矣，然猶非今之比疏也，注以爲辨髮之飾，則今女子首飾所著金翠珍異之流耳。後世憚數沐而櫛用竹，以爲去垢之具，則與所言比疏，名雖同而實又異也。

虎子

虎子即溺器也，出《漢書》。《周禮》玉府掌王之燕衣褻器，注謂：「清器，虎子之屬。」今俗語云廁馬，皆取四足，若清器爲旋盆，則虎子、廁馬之類也。

白衣送酒

陶元亮九日把菊，王弘送酒，本傳無「白衣人」字。「白衣」字出《續晉陽秋》，云：「陶潛重陽日無酒，坐菊花中，見白衣人擔酒至，乃王弘送酒也。」不在本傳中。

榷貨

榷貨非揚摧之義。榷，獨木橋也，乃專利而不許他往之義，李侍郎壽翁有奏劄載此説，本義乃出《漢書・昭宗紀》注。

饅頭

食品饅頭本是蜀饌，世傳以爲諸葛亮征南時，其俗以人首祀神，孔明欲止其殺，教以肉麪二物像人頭而爲之。流傳作饅字，不知當時音義如何，適以欺瞞之瞞同音。孔明與馬謖謀征南，有攻心、心戰之説，故聽孟獲熟視營障，七縱而七擒之。豈于事物間有欺瞞之舉？特世俗釋之如此耳。

貉袖

近歲衣制有一種如旋襖，長不過腰，兩袖僅掩肘，以最厚之帛爲之，仍用夾裏，或其中用緜者，以紫皂緣之，名曰「貉袖」。聞之起于御馬院圉人，短前後襟者坐鞍上，不妨脱著，短袖者，以其便于控馭耳。古人所謂狐貉之厚以居，褻裘長，短右袂，制皆不如此。今以所謂貉袖者，襲于衣上，男女皆然。三代衣冠亂常，至于伏誅，今士大夫亦服此而不知怪。

史評

唐子西云：「《左傳》不亂道，却好；班史不亂道，却不好；《史記》敢亂道，却好；《唐書》不敢亂道，却不好。」思之，其書好與不好姑未論，若言其不敢亂道與敢亂道，則切中矣。

山君海王

世言泰山府君、海龍王之類，鄙俗不可入文字。東坡作《明州僧寺御書樓銘》，有：「洛爾東南山君、海王，時節來朝，以謹其藏。」豈惟融化語奇，亦見百神受職，意甚高也。

師

人之五倫，朋友預焉，而不言師。「三人行，必有我師焉」，是師寓于朋友中矣。然有曰「君師」，有曰「父師」，是君父皆有師之道也。人之常尊曰君、曰父、曰師，三者而已。《記》曰：「師無當于五服。」五服弗得不親，以此推之，君之于臣，父之于子，力有所不及處，賴師之教爾，故師之德配君父。

絶藝

蔣大防母夫人云：「少日隨親謁泰山東嶽，天下之精藝畢集。人有紙一百番，鑿爲錢，運鑿如飛，既畢舉之，其下一番未嘗有鑿痕，其上九十九番則紙錢也。又一庖人，令一人袒背俯僂于地，以其背爲刀几，取肉二斤許，運刀細縷之，撤肉而拭其背，無絲毫之傷。」《列子》載鴻超怒其妻，引弓射而怖之，矢注眸子而眶不睫。公子牟曰：「此乃盡矢之藝也。」以前二事較之，乃盡刀鑿之勢。古者鴻超之射，神妙誠有之，非《列子》寓言也。

又

都下賣錫者作一圓盤，可三尺許，其上畫禽魚器物之狀數百枚，長不過半寸，闊如小指，甚小者只如兩豆許，禽之有足，鞋之有帶，弓之有弦，纖悉瑣細，大畧皆如此。類以針作箭，而别以五色之羽，旋其盤，買者投一錢，取箭射之，中者得錫。數箭並下，有盤方旋而未止，賣錫者唱曰「白中某」、「赤中某」、「餘不中」，逮旋止盤定，視之無差。賣錫者乃自取箭再旋盤射之以酬之。昔中禽之足者，不使中禽之翼；昔中弓之弦者，不使中弓之稍，毫釐比昔中者無差焉。紀昌視蝨三年，大如車輪，能射而中之，蓋此類也。然懸蝨者，乃定而視之，此却是旋動，亦能見而中之。未知定者易而動者難邪？是或一道也。

聲

聲者，氣之精華也，一紙之隔而氣不能達，墻垣之間聲可得聞，聲之感通者甚神。故詩能動天地，感鬼神；樂能治神人，和上下：皆主其有聲也。

古畫有據

予家舊畫《楊妃上馬圖》，乃明皇幸驪山時故事。侍御之人無他仗衛，但有兩璫，各挾彈前導，意其燕遊戲具，非有謂也，後乃聞乘輿燕遊，前以擊彈代鳴鞘。大抵古畫有據而不苟，用器制度固有不能言傳，因畫乃見者。

論史法

前輩云有三人論史法，偶有言馬走過踏殺一狗，云當作如何書。甲云：「馬逸，有犬死于其下。」乙云：「有犬死于奔馬之下。」丙云：「有奔馬踐斃一犬。」文省而意盡，丙爲得法。

龍户

昌黎廣州詩：「衙時龍户集，上日馬人來。」「馬人」乃馬援所留人種也。若龍户往往以爲蜑户，而無明文。近聞廣人云，有一種蘆淳人，在海岸石窟中居止，初無定處，三四口共一小舟，能没入水數丈，過半日乃浮出，形骸、飲食、衣服非人也。能食生魚，兼取蜆蛤海物，從舡人易少米及舊衣以蔽體，風浪作即扛挽舡置岸上，而身居水中，無風浪則居舡中。只有三姓，曰杜，曰伍，曰陳，相爲婚姻。意此乃龍户之類。

雄狐牝雞

周丞相與客閒步園中，玩羣鶴，問曰：「此牝鶴耶，牡鶴耶？」客從旁曰：「獸爲牝牡，禽爲雌雄。」丞相曰：「雄狐綏綏，狐非獸乎？牝雞司晨，雞非禽乎？」客不能對。雖然，牝牡字從牛，雌雄字從隹，乃禽獸之别也，自雄狐牝雞之外，經史亦不多見。

子午針

地螺或有子午，正針或用子正，丙壬間縱針。天地南北之正，當用子午。或謂今江南地偏，難用子午之正，故以丙壬參之。古者測日景于洛陽，以其天地之中正也，然又于其外縣陽城之地，地少偏則難正用，亦自有理。

伏臘

僧家所謂伏臘者，謂削髮之後，即受戒，若戒斷酒、色等若干件，每歲禁足結夏，自四月十五日至七月十五日終。西方之教，結夏之時，隨其身之輕重以蠟爲其人，解夏之後，以蠟人爲驗輕重無差，即爲念定，而無忘想。其忘想者氣血耗散，必輕于蠟人矣。湯朝美作本然僧塔銘，寫作伏臘之臘，蓋未詳此義也。

姓名

舜姓姚，二妃姓嬀，夏姓姒，商姓子，周姓姬，秦姓嬴。《尚書》「釐降二女于嬀汭」，因地得姓，因姓爲婦人之稱。《左傳》有戴嬀，有息嬀；《詩》有大姒，有必宋之子、王姬、驪姬、文嬴、穆嬴之類是也。漢以後婦人如吕后名雉，蔡邕之女名琰，以名著者甚多。孔子之母名徵在，專以名言。昏禮有所謂問名，《公羊傳》有「婦人許嫁，字而笄之」，不知名與字之義如男子乎？亦止類今世大小一二之别乎？若後世以姬姜爲婦人之通稱，則失之矣。惟娣姒之姒，却不因姓。堯之女娥皇、女英，契之母簡狄，秦穆公之女簡璧，后稷之母姜嫄，又不知此類乃其稱號耶？乃其名耶？

節史

節史書，先立定意欲爲，乃可去取。如欲知治亂，則取諸君臣賢否、刑政升降之間；如欲知制度，則取諸典章文物、因革損益之事；如欲知文法，則取言辭摹寫、融液删潤之處。大抵一史須三數次節也。陸務觀爲言如此。

孝經序語

《孝經序》載孔子曰：「吾志在《春秋》，行在《孝經》。」趙吉水希逌。嘗與予言，聞之長者，二語出《孝經通緯》。

家宅

五帝官天下，三王家天下，故曰官家、國家。家字本甚重，而又以爲上下之通稱。今世達官稱府稱宅，下焉則稱家。《書》謂「五流有宅」，則宅字反不若家字矣。

祭文

歐陽文忠公奉母喪，過邢郡，郡守屬一同官作祭文，再三戒之留意，其人唯唯。文忠來已逼，其郡守索文觀不一，再三索之，對以「但候其至」，郡守甚疑。比至，出文令書寫，云：「孟軻之賢，母之賢也。夫人有子如孟軻，夫復何憾？」文忠公大喜之。

避秦

雲水人以小竹揉之，下爲方蠡，上爲方蓋，蠡之中置衣食之屬，蓋之下藏藥物之屬，負之于背以行，名曰避秦。此二字班、馬書皆載于四皓事處，器物因事以名，其源流有如此者。

馬門

舟之設屋，開門而入者，其門謂之馬門，必先闖首，而後能入，因其字義析而稱之也。鄭山父云，嘗見人舉似在小説中，若無他義。此説雖遷就，似亦得之矣。

侍父發書

張安國守撫州時，年未五十，其父總得老人在官。一日，老人在齋中索紙筆發書，有兩吏人來，聲喏拱立，總得問爲誰，對云書表司，適聞運使發書來祇應。總得遣而去之，却呼安國來，曰：「撫州書表司是伏事汝，我如何使？汝當伏事我發書。」安國侍立，候總得修書、封題、遣發，乃退。

三角亭詩

俞子清之祖，仁廟時因作《三角亭》詩知名，召爲御史，不拜。人問其故，曰：「壞心術。」予在朝曾見朝列云，言官退無所爲，不相識者又多不知其事，但把相識人逐个思過，所謂壞人心術者，誠有之矣。《三角亭》詩云：「夜缺一簷雨，春無四面花。」缺一則安知其非二？無四則見其止于三。昌黎《送窮》形容五字云：「非三非四，滿七除二。」以兩句形容五字，然則此詩先當以一句言二數，則形容親切。

西皮

髹器稱西皮者，世人誤以爲犀角之犀，非也，乃西方馬韉，自黑而丹，自丹而黄，時復改爲五色相疊，馬鐙磨擦，有凹處粲然成文，遂以髹器倣爲之。

蓴羹

「千里蓴羹，末下鹽豉」，世多以淡煮蓴羹，未用鹽與豉相調和，非也。蓋「末」字誤書爲「未」，末下乃地名，千里亦地名，此二處産此二物耳，其地今屬平江郡。

岳武穆獄案

岳武穆獄案，今在莆陽陳魯公家。始者無獄辭也，但大書「天日昭昭，天日昭昭」八字。是罪案乃是細書，與前筆跡不同，不知後来如何黏成一卷也。鄭棐之姪親見之。

康節知數

邵康節先生至京師，士大夫多謁之，請問休咎，有一人獨問國家運數，先生喜曰：「他人所問皆爲己事，子獨能上念國家。」再三稱嘆之，曰：「予某日歸，子可于其日相候。」至期，其人往候，先生與敘别，就肩輿取緘封文字一卷授之，曰：「毋即觀，候至家發之，視畢焚之。」其人奉教，歸而發視，則《五代史·晉出帝紀》也。

殤神

《九歌·國殤》非關雲長輩不足以當之，所謂「生爲人傑，死爲鬼雄」也。江鄉淫祠有馬陂大王，爲盜者多祀之，亦能出爲靈響，俗呼爲殤神，必是小人死鬬，忿怒之氣不泯，而爲厲者也。老母言年十六七時，避盜山間，一民家與其婦女處于屋後小室間坐，忽覺簷間有聲如蝙蝠者，老母先聞之，而其家婦女未聞也。有頃，聲稍疾大，其婦倉皇出門，仰視之，叩齒而言曰：「待去呼丈夫漢歸。」老母亦隨之到門外仰視，但彷佛見空中有黑影，如蝴蝶狀散去。問婦女何故如此，應曰：「神道。」心亦不知爲異。數日後，盜息歸家，以告長上，方知其家亦祀此神，非良民也，殆自投虎口矣。俚俗傳之，其聲作于前，則吉而勝；作于後，則凶而負。楚俗有此，蒞官者當知之。

璽寶印

璽、寶、印三者，名殊而用一。許氏《説文》曰：「璽者，印也。」《周禮·掌節》云：「門閥用璽節。」鄭氏云：「今之印章也。」「埶金吾揭而璽之。」鄭云：「璽者，印也。」故應劭《漢官儀》曰：「璽，信也，古者尊卑共之。」《月令》云：「固封璽。」《左傳》云「襄公在楚，武子使公治問璽書，追而與之」是也。然劭乃不以《周禮》爲正，豈遺忘耶？秦始皇得玉于藍田，丞相李斯書其文曰「受命于天，既壽永昌」。漢高祖入關，子嬰封皇帝璽節降，璽乃此也。故《漢書》曰：高祖入咸陽，得秦璽，乃即天子位，因服御其璽，世世傳授，號傳國璽。及王莽篡位，求璽于元后，后投之于地，璽上螭一角缺。董卓焚洛陽，徙邦長安，掌璽者以投于井。孫堅軍城南，見井中有光，堅因取得之。袁紹後逼堅妻取璽，紹敗，璽歸漢，又傳魏。至晉元帝南渡，無玉璽，北人皆云「白版天子」。後石勒爲冉閔所滅，閔得其璽。閔敗，晉穆帝永和八年，鎮西將軍謝尚遣督護何融購得之。相傳至于五代，契丹滅晉，出帝奉玉璽金印以降。契丹謂璽非焉，與前史所傳異，命求其璽。出帝曰：「從珂自焚，玉璽不知所在，疑焚之也。」本朝紹聖三年，長安村民段義掘地得玉璽獻之。蹇序辰、安惇等皆言此秦璽也，漢以爲傳國寶，自五代亡失。乃下兩制定驗。蔡京等奏，以爲考之璽文曰「皇帝壽昌」者，晉璽也；「受命于天」者，後魏璽也；「有德者昌」，唐璽也；「惟德允昌」，晉璽也。出帝獻契丹。今云「受命于天，既壽永昌」，其爲秦璽無疑。此傳國璽之本末也。然秦、漢以來，天子始名璽，故許氏直以爲王者印。《漢舊儀》曰：「秦以前民皆以金玉、銀銅、犀象爲方寸璽，各服所好。」漢以來天子獨稱璽，又以玉，羣臣莫敢用也。豈非以高祖入關得爲傳國寶，故璽之名，遂增重邪？《舊儀》又曰：「皇帝六璽，皆白玉螭虎紐，文曰『皇帝行璽』、『皇帝之璽』、『皇帝信璽』、『天子行璽』、『天子之璽』、『天子信璽』，凡六。皇帝行璽賜諸侯王，書信璽發兵徵大臣，天子行璽外國事，天子之璽事天地鬼神。」《漢書》所謂璽者，此也。王莽遣將率易單于印，單于白將率曰：「漢賜單于璽。」言璽不言章，是則漢賜匈奴印亦通名璽矣。唐武后改璽爲寶，特此六璽之屬耳。然章衡《通載》又謂開元六年改傳國璽，又何也？若曰傳國璽則秦璽，乃是矣。苟以爲唐璽，則前有「德昌」是也。傳至五代，其名不易，初何所改？如曰即前六璽，則武后固改之矣。豈後來人易爲璽，至玄宗復改耶？然後唐應順元年，内批有「御前新鑄之印」，乃當時從珂自焚，國寶散失，倉卒刻鑄耳。本朝雍熙三年改詔書、天下、合同三印皆爲寶，則又書改爲印矣，豈非承襲五代喪亡之後，至是方釐正乎？慶元六年重陽後五日在塗，與兄弟論及，既歸，因考訂始末，寄宏正姪。

十二辰

十二辰屬，子午卯酉五行死處，其屬體皆有虧，鼠無膽，兔無腎，馬無胃，雞無肺，獨兔無腎者水死甚明，餘四物頗配附不合耳。

畜

晉人論禽獸知有母而不知有父，前輩有言惟家畜不知有父。予嘗侍艮齋先生舉此二説，先生曰：「家畜者，人亂之也。南方畜牧人苦不經意，北方以畜産爲家貲，放駒游牝，往往流傳有度。」洪忠宣公《松漠紀聞》云：饋人以牛則以一牡九特牸，唐監牧之官稱職者見于史，南渡無監牧之地，只買西南之馬。聞相隔二三千里，經過數國，不知其牧養之法如何，然而少用駮馬。今世所謂起雲、卧雲，人方以爲奇，大抵不知駮馬也。蓋子交母而産者，物理以此識之也。世傳水草大王爲金日磾，雖未必然，自古服牛乘馬，以致其用，設爲官職，漢唐之事甚著，豈可如虎豹犀象，驅而任之也？

紙代人

紙錢起自唐時，紙畫代人未知起于何時。今世禱祀禳禬者用之，刻板刻印染，肖男女之形而無口。北方之俗，歲暮則人畫一枚，于臘月二十四日夜佩之于身，除夕焚之。有謔詞云：「你自平生行短不公正，欺物瞞心。交年夜將燒毁，猶自昧神明。若還替得，你可知好裏，爭奈無憑。我雖然無口，肚裏清醒。除非是閻家大伯，一時間批判昏沈。休痴呵，臨時恐怕各自要安身。」

莫愁

周美成詞《金陵懷古》用「莫愁」字，金陵石頭城非莫愁所在，前輩指其誤。予嘗守郢郡，治西偏臨漢江上，石崖峭壁可長數十丈，兩端以城續之，流傳此爲石頭城。莫愁名見古樂府，意者是神，漢江之西岸至今有莫愁村，故謂「艇子往來」是也。莫愁像有石本，衣冠甚古，不知何時流傳郢中。倡女常擇一人名以莫愁，亦存古意，亦僭瀆矣。

床婆子

崔大雅在翰苑，夜直玉堂，忽有内降撰文字，秉燭視之，乃撰祭床婆子文，恍然不知格式，又無舊案底可據，甚以爲窘。忽思周丞相爲翰長，來早有朝見，使人邀過院中請問。云亦有故事，但如常式：「皇帝遣某人致祭于床婆子之神：汝典司床簣」云云。然則床婆子名字與世俗同而不改也，偶子舍舉子，見蓐媪舉此禮，因記之。

靈隱石

靈隱寺前石崖上有「建隆二年己未歲」云云，字鑿石上，予嘗用墨印染，與倪正父言之。正父云村人胡鑿，蓋亦無處辨證也。藝祖以庚申正月初四日受禪之年改元建隆，錢唐之地尚屬吴越，自有年號。今乃有建隆己未，殊不可曉。

韓侂胄

韓侂胄封平原郡王而官至太師，一時獻佞過稱「師王」。晚年伏誅，錢伯通在政府奉御筆施行。都下撰爲閒言曰：「釋迦佛，中間坐；胡漢神，立兩旁。文殊、普賢自鬬，象祖打殺獅王。」象祖乃伯通名也。繆妄稱呼，至是遂作精對，亦可發後世一笑。

虜庭事實

文惟簡　撰

姓氏

女真部族種類不同，有夾谷、赤盞、温熟、馳滿、納合、徒丹、烏古論、烏林苍、紇石烈等數十姓，各以其先世所居地名爲列，惟完顏一姓則有異焉。蓋其遠祖因避罪自高麗而至。女真後立《神功聖德碑》于燕城之西，參知政事韓昉作文，翰林承旨宇文虚中書，翰林待制吴激篆額，其碑自序出於高麗云。

風俗

女真風俗，初甚淳質。其祖宗者不知人主之爲貴，鄰人醖酒欲熟，則烹鮮擊肥而邀主于其家，無貴賤老幼，團坐而飲，酒酣則賓主迭爲歌舞以誇尚。今則稍知禮節，不復如此耳。

杖責

虜中上自宰執、公卿，下至判司、簿尉，有罪犯者亦不能免杖。如天朝之臣有忤其主意者，則去衣卧地，令侍衛之人以杖箠之，數足則止，名曰御斷。州縣官有罪，則差天使至其本家，量輕重而杖之，名曰監斷，有因而致死者。上下内外官雖曾被刑責，相視不以爲辱，又安知古者刑不加大夫也？

拜天

虜人州軍及軍前，每遇端午、中元、重九三節，擇寬敞之地，多設酒醴、牢餼、餅餌、果實祭於其所，名曰拜天。祭罷，則無貴賤老幼，能騎射者咸得射柳，中者則金帛賞之，不中者則褫衣以辱之。射柳既罷，則張宴飲，以爲極樂也。

黄鼠

沙漠之野，地多黄鼠，畜豆穀于其地，以爲食用。村民欲得之，則以水灌穴，遂出而有獲。見其城邑有賣者，去皮刻腹，極甚肥大，虜人相説以爲珍味。則知蘇屬國奉使時，胡婦掘野鼠而食之者，正謂此也。

婚聘

虜人風俗，取婦于家，而其夫身死，不令婦歸宗，則兄弟姪皆得以娉之。有妻其繼母者，與犬豕無異。漢兒則不然，知其非法也。

過醆

金國上至朝廷，下至州郡，皆有過醆之禮。如宰臣百官生日及民間娶婦生子，若迎接天使、趨奉州官之類，則以酒果爲具，及有幣帛、金銀、鞍馬、珍玩等諸物以相贈遺。主人乃捧其酒于賓，以相贊祝祈懇，名曰過醆，如此結恩釋怨，不如是者爲不知禮。

放偷

虜中每至正月十六日夜，謂之放偷，俗以爲常，官亦不能禁。其日夜，人家若不畏謹，則衣裳、器用、鞍馬、車乘之屬爲人竊去。隔三兩日間，主人知其所在，則以酒食、錢物贖之，方得原物。至有室女隨其家出遊，或家在僻静處爲男子刼持去，候月餘日，方告其父母，以財禮聘之。則放偷之弊，是何禮法？

披秉

胡兒自古以來，披髮左衽，習以爲俗，安知有衣冠之法爲可貴耶？頃年初創臺，有女真、契丹之人有爲公相、尚書、侍郎者，從漢法例當披秉，皆病頭悶、身癢，反以爲苦。譯而語人曰：「都被爾漢人立法拘束殺我輩也，受苦受辱！」此誠可笑。

啞揖

漢兒士大夫上位者，年時及久闊交友相見，則進退周旋，三出頭，五折腰，相揖而不作聲，名曰啞揖。不如是者爲山野之人，不知禮法，衆可嗤笑。契丹人交手于胸前，亦不作聲，是謂相揖。

喪葬

北人喪葬之禮，蓋各不同。漢兒則以棺斂遺體【一】，然後瘞之，喪凶之禮，一如中原。女真則以木槽盛之，葬于山林，無有封樹。惟契丹一種特有異焉，其富貴之家，人有亡者，以刃破腹，取其腸胃滌之，實以香藥、鹽礬，五綵縫之；又以尖葦筒刺于皮膚，瀝其膏血且盡，用金銀爲面具，銅絲絡其手足。耶律德光之死，蓋用此法。時人目爲「帝羓」，信有之也。

【一】漢兒則以棺斂遺體　「以棺斂」三字原闕，據宛委山堂本補。

血泣

嘗見女真貴人初亡之時，其親戚、部曲、奴婢設牲牢、酒饌以爲祭奠，名曰燒飯。乃跪膝而哭，又以小刀輕劃額上，血淚淋漓不止，更相拜慰。須臾，則男女雜坐，飲酒舞弄，極其歡笑，此何禮也？

釋奠

距燕山東北千里，曰中京大定府，本奚霫舊地，其府中亦有宣聖廟，春秋二仲月行釋奠之禮。契丹固哥相公者，因此日就廟中張宴，有胡婦數人，麗服靚裝，登于殿上，徘徊瞻顧，中有一人曰：「此翁者是何神道？」答曰：「便是駡我『夷狄之有君』者【二】。」衆皆發笑而去矣。

寺塔

燕山京城東壁有大寺一區，名憫忠，廊下有石刻云唐太宗征遼東、高麗回，念忠臣、孝子殁于王事者，所以建此寺而薦福也。東西有磚塔，高可十丈，云是安禄山、史思明所建矣。

【二】便是駡我夷狄之有君者　「便是」原作「者便」，據宛委山堂本改。

蜀道征討比事

袁申儒　撰

軍法

紹興三十二年正月一日，四川宣撫使吴璘遣中軍統制杜宴傳令于邵州防禦使向起、利州兵馬鈐轄吴挺及保寧軍節度使姚仲，其略曰：「軍行並從隊伍，勿亂次，勿殿後，勿踐稼，勿毁民舍，勿掠民財。逢敵欲戰，必成列爲陣，甲軍、弓弩手並坐，視敵兵距陣約一百五十步，令神臂弓兵起立，先用箭約射之。箭之所至可穿敵陣，即全軍俱發【一】。敵兵距陣約百步，令平射弓兵起立，用箭約射如初，然後全陣俱發。或敵兵直犯拒馬，令甲軍槍手密依拒馬枕槍攙刺，忠義人亦如之，違者並處斬。如敵兵已敗，許忠義人乘其後追擊之，必生獲女真及金人。與其首級，乃議賞，否則闕。其有以他兵首領僞爲女真、金人首級冒賞者，罪亦如之。」先是，遣杜宴示陣式于諸將，以步軍爲陣心，爲左右翅翼，馬軍爲左右肋，拒馬環于左右肋之内，以衛步軍。以一陣約計之，主管陣敵統制一，統領四，主陣撥發各一正副將，準備將、部隊將則因其隊爲多寡。陣兵二千二百六十有三軍，步軍居陣之内者一千二百有七，爲陣心者一千有六。甲軍槍手五百有二，平射弓二百有二。與拒馬者二百

校勘記

【一】即全軍俱發　「全」，宛委山堂本作「前」。

居陣外。分兩翅副翼者，五百六十有六，左翼二百八十有三。主陣將官二，平射弓二百一十有七，神臂弓六十有四。右翼亦如之。馬軍居陣外，都爲左肋者二百六十有二。將官二，訓練一，管隊十，隊兵乘騎者二百四十八。右肋亦如之。雖中間有貼撥、輔陣、增益之不同，而大略可以見矣。

行都紀事

楊和甫　撰

北山九里松牌【一】，吴説書。高宗詣天竺，遂親御宸翰，撤去吴書。吴未幾守信州，陛辭，高宗因與語曰：「九里松牌乃卿書乎？」吴唯唯。復云：「朕嘗作此三字，觀之終不如卿。」吴益遜謝。暨朝退，即令再揭元牌。遍索之，乃得于天竺庫院，復令植道傍，今所榜是也。

橘園亭在今豐樂橋投北，自棚前直穿即是。蓋向來未建都之時，此地皆種橘，高宗欲親征，就此乘舟，創亭其上，前臨大河，故至今此街市傳爲橘園亭。

俞家園在今井亭橋之南，向時未爲民所占，皆荒地，或種稻，或種麥，故因以園爲名。今則如蜂房蟻窩，盡爲房廊屋舍，巷陌極爲難認，蓋其錯雜，與棋局相類也。

有兩打繩巷，都亭驛前一，候潮門外一。有兩石板巷，臨安府前一，柴木巷中一。有兩龍舌頭，臨安府前并江下鰲園。兩櫻桃園，七寶山并薦橋門外是也。

城中舊無木闌干，沿河惟居民門首各爲闌障，不相聯屬。河之轉曲，兩岸燈火相直，醉者夜行經過如履平地，往往多溺死，歲以數十百人計。自王宣子尹京，始于抽解場出林置大木闌，城内沿河皆周匝地，每船步留一門，民始便之。

校勘記

【一】北山九里松牌　「牌」原闕，據宛委山堂本補。

閭丘編修泳。自言：往年游宦湖湘間，舟行江上，有客子附舟尾，至暮吹笛可聽。閭丘正飲，甚賞音，命以酒勞之。未幾，忽聞有聲甚厲，且訝且徵則，皆不對。少頃，梢人遽進云：「某官且低聲，勿復問，舟尾横笛者乃賊也，以此爲號而嘯其徒耳，適已撲殺矣。」須臾有一舟嘯呼直前，將謂已有應援，則無應之者，果詢之云：「吹笛魟安在？」舟人皆答云：「已過前去矣。」賊上前追，急投岸獲免。

監左帑龍舒張宣儀嘗言：有親戚游宦西蜀，路經襄漢，晚投一店，飯畢行户外，忽見旁左側上有一人無首，以爲鬼也。主人云：「尊人不須驚。此人也，非鬼也。往年因患瘰癧，病勢蔓衍，一旦頭忽脱墜，家人以爲不可救，而竟無恙，自此每有所需，則以手指畫，但日以粥湯灌之，故至今猶存耳。」

又云岳侯軍中一兵犯法梟首，妻方懷妊，後誕一子如常人，而首極細，軀幹甚偉，首僅如拳，眉目皆如雕刻。則知胞胎所係，父母相爲應感。

霅川月河莫氏稱望族，嘗言：祖某崇觀間在上庠，以《春秋》馳名，嘗至一酒樓飲，壁間有題字云：「春王三月，公與夫人會于此樓。」蓋輕薄子攜娼妓飲于此所題耳。莫即援筆題其下云：「夏大旱。秋饑。冬雨雪。公薨。君子曰：『不度德，不量力，其死于饑寒也，宜哉！』」見者無不大噱。

嘉興精嚴寺，大刹也，僧造一殿，中塑大佛，詭言婦人無子者，惟祈禱于此，獨寢一宵，即有子。殿門令其家自封鎖，蓋僧于房中穴地道，直透佛腹，穿其頂而出，夜與婦人合，婦人驚問，則云「我是佛」。州民無不墮其計，次日往往不敢言。有仕族之妻亦往求嗣，中夜，僧忽造前，既不能免，則嚙其鼻，僧去。翌日其家遣人遍于寺中物色，見一僧卧病，以被韜面，揭而視之，鼻果有傷，掩捕聞官。時韓彦古子師爲郡將【二】，流其僧而廢其寺。

楊誠齋名萬里，字廷秀。爲監司時循歷至一郡，郡守盛禮以宴之，而適初夏，有官妓歌葉少藴《賀新郎》詞以送酒，其中有「萬里雲帆何時到」，誠齋遽曰：「萬里昨日到。」太守大慚，即監係官妓。

朱晦庵爲倉使，而某郡太守頗遭捃摭，幾爲按治，憂惶百端。未幾，晦庵易節他路，喜可知也。有寄居官因招守飲，出寵姬歌《大聖樂》，至末句云：「休眉鎖，問朱顔【三】，去了還更來麽？」守爲之啟齒。

某邑宰因預借違旨，遭按而歸。某郡郡將乃宰公之故舊，因留連。有妓慧黠，得宰罷官之由，時方仲秋，忽謳《漁家傲》「十月小春梅蕊破」，宰云：「何大早邪？」答云：「乃預借也。」宰公大慚。

【二】時韓彦古子師爲郡將　「師」，宛委山堂本作「思」。

【三】問朱顔　「顔」原作「鹽」，據宛委山堂本改。

野雪鍛排雜説

許景迂　撰

今聖節斷屠宰三日，人多以爲祝聖好生之意爾。嘗觀隋文帝仁壽三年五月癸酉詔曰：「六月十三日是朕生日，其日令海内爲武元皇帝、元明皇后斷屠，追念劬勞。」其意甚美，有古帝王之風。隋暴虐如秦，儒者之所恥道，而其制度遺法，唐世多遵行之，蓋其間亦有人心天理不可滅者存。乃知聖節之建，非肇始于唐明皇，但隋文帝未有節名可記，是以《揮麈前録》考究爲未盡也。

陶尚書穀奉使江南，邂逅驛女秦蒻蘭【一】，犯謹獨之戒，作《春光好》詞。前人小説或有以爲曹翰者，疑以傳疑，本不足論也。僕比見括蒼所刻沈叡達遼《雲巢編》中所記，獨以爲陶使吴越，惑娼妓女社娘【二】，遂作此詞。又以求遺猫爲尋逸犬。且娼既得陶詞後，還落髮，刱仁王院，與諸家之説大異。審如其實，則此娼亦不凡矣。叡達杭人，所聞當不謬。院不知何地，今城中吴山自有仁王院，建於近年，非也。

鶴山先生母夫人方坐蓐時，其先公晝寢，夢有人朝服入其卧内，因問爲誰，答曰：「陳了翁。」覺而鶴山生，所以用其號而命名。陳瑩中前三名登第，後兩甲子，鶴山中第，亦第三名，其出處風節相似處極多。在東南時，有了翁家子孫必異遇之。【三】

校勘記

【一】邂逅驛女秦蒻蘭　「蒻」，宛委山堂本作「弱」。

【二】惑娼妓女社娘　「娼妓女社娘」原作「娼杜任娘」。

【三】本則僅載於宛委山堂本中。

讀書愚見

鄭　震　撰

有田可以養氣

古今之士無立錐、無蓋瓦者甚衆。飢寒亂心，有能安于恬素者，亦是天分、學力過人處，學子與士大夫得做好人，須是有以養其外，以外養護内養，夾持得秉彝住，便是聖賢地位。三代時，人人有田，真是内養底本領。孟子曰：「無恒産者無恒心」；「無恒産而有恒心，惟士爲能」。正慮爲士者，無田失其恒心也。蘇秦曰：「使我有洛陽二頃田，安能佩六國相印？」乃是説無田至此。孔明告蜀先主曰：「臣成都有桑八百株，薄田十五頃，子弟衣食自有餘饒。」亦是説有田可以自給。蘇老泉亦云：「洵有山田二頃，非兇歲可以無飢。」有田者真可以養氣，可以立身。世有田而喪氣殺身者，此又不足道矣。若無田而乏衣食，行古之道，如孟東野輩，韓文公烏得不重拳拳？

材質之辨

豫章生在衆木中，至七年而後枝榦始别。稗麥生在麥田中，其形似麥，更無分别，及至𪎊生，方知非麥。要之人物材質之良與不良，須待久而後見。

作文之法

文章本無説。風行水上，繁星麗天，第一説也。回旋曲折，開合收縱，千變萬化，俱要自然，與天地萬物相似。六經上文章法度極多，今姑以《詩》三百篇一兩字言之，便見與天地萬物相似處。《黍離》之詩，其一曰：「彼黍離離，彼稷之苗。」其二曰：「彼黍離離，彼稷之穗。」其三曰：「彼黍離離，彼稷之實。」自苗而穗，自穗而實，誦此詩者，一黍之生毓成熟可見矣。《庭燎》之詩，其一曰：「夜如何其，夜未央。」其二曰：「夜如何其，夜未艾。」其三曰：「夜如何其，夜鄉晨。」誦此詩者，一夜之漏刻疾徐可聞矣。由淺而深，作文最妙。若夫感動之情，箴規之意，與文章法度節奏一步進一步，多少涵畜，讀之令人神悚。如《桃夭》之詩，句法又變，其一曰：「灼灼其華。」其二曰：「有蕡其實。」其三曰：「其葉蓁蓁。」字眼上皆有造化，作詩者尤不可不知。

論人君

開基人君，《乾》卦似之；中興人君，《復》卦似之。然其覆露蒼生，同一造化也。

孔孟兵法

伊、吕之後，孔、孟最善用兵者。孔子曰：「臨事而懼，好謀而成。」孟子曰：「天時不如地利，地利不如人和。」孔子八箇字，孟子十二箇字，見得極是分明【一】。孫武、吴起談兵法，累千萬言，大段是暗昧。

主客

予嘗謂主客之間有數等人，其上則師其客，其次則友其客，又其次則客其客，又次則主與客胥失矣。及見秦少游論袁紹之亡【二】，其言曰：「其亡不在于官渡之敗，而在于殺田豐。」且曰：「師士者王，友士者霸，臣士者强，失士者辱，慢士者危，殺士者亡。」偉哉之論也。古人有失一士之憂，何秦坑焚之不思耶？

動静

静中所得最多，動時所損不少，惟能以道，爲動静者俱得之矣。

【一】見得極是分明　「分」原作「光」，據宛委山堂本改。

【二】及見秦少游論袁紹之亡　「見」原闕，據宛委山堂本補。

佛

佛自周孝王元年，佛入涅槃。是時佛已示無生果法，第以王化未熄，佛法未敢彰露。自漢以來，與徼外諸國通，佛法至中國遂大昌熾。若以《南史》傳海南諸國考之，其莊嚴金碧，正如今佛事去處。吴時，中郎康泰、從事朱應嘗使于桑國，泰、應謂國中實佳，但人褻露可怪耳。師子國乃天竺旁國也，其國舊無人，止有鬼神及龍居之。諸國商估往來市易，鬼神不見其形，但出珍寶，題其所堪價，商人依價取之。諸怪事大率如此。今中國之人往往奉佛，欲死超生西方極樂世界，但未曾考究，不知其竟耳。佛書言語有可取，俗人却不知之，豈知中土即佛土耶？所謂佛國者，人多鬼怪，既是褻露，又無衣冠，止有鬼神及龍居之，有何可樂？締思所以爲佛國者，必其人無機械心故也。

字義

字亦有義。天子耕用亥日，蓋亥之地直上是天倉星；又以建辰月祭靈星，以求農耕，靈星是天田星，在于辰位，故農字從辰。陳后山云：「金陵人喜解字，以同田爲富，分貝爲貧。」

作記之法

作記之法,《禹貢》是祖。自是而下,《漢官儀》載馬第伯《封禪儀記》爲第一,其體勢雄渾雅莊,碎語如畫,不可及也。其次柳子厚山水記法度,似出于《封禪儀》,中雖能曲折回旋作碎語文字,止于清峻峭刻,其體便覺卑薄。

繼古藂編

施青臣　撰

藕花詩

韓昌黎《古意》詩：「太華峯頭玉井蓮，開花十丈藕如船。」始意退之自爲豪偉之辭。後見《真人關令尹喜傳》，老子曰：「真人遊時，各坐蓮花之上，花輒徑十丈，有迎香生蓮，逆水聞三千里。」又北齊《修文御覽》有「花生香」一門專載此事。諸家集註韓詩皆遺而不收，特表出之。

詅癡符

胡氏《漁隱藂話》論楊湜《古今詞話》中多臆説，乃援宋子京「江左有文拙而好刻石，謂之詅嗤符」。今湜之言俚甚，而鋟板行世，殆類是也。余按宋景文題《三泉龍洞》詩，西洛田漕爲刻石【一】，以石本寄公，公答書有云：「江左有文拙而好刻石，謂詅嗤符。」非此謂乎？余窮其原，乃出於顔之推《家訓》有云：「吾見世人至無才思，自謂清流，布醜拙亦已衆矣，江南號爲詅癡符。」然三書一作詅癡，一作詅嗤，以顔氏詅癡爲正。大抵論其

【一】西洛田漕爲刻石　案：此事載吴曾《能改齋漫録》卷一一，此句作「利路漕爲刻石」。

文藻甂㲉，矜伐自粥，亦不專爲刻石。質之《集韻》，詅音力正切。注：「賣也。」豈非癡自衒鬻之意？

金錯刀

金錯刀名一而義二：錢，一也；刀，一也。《漢·食貨志》：「王莽更造大錢，又造錯刀，以金錯其文曰：『一刀直五千。』」此錢也。《續漢書·輿服志》：「佩刀乘輿，黃金通身雕錯。諸侯，黃金錯環。」《東觀漢記》：「賜鄧通金錯刀。」此刀也。《文選》張平子《四愁詩》：「美人贈我金錯刀，何以報之英瓊瑶。」杜詩云：「金錯囊徒罄，銀壺酒易賒。」韓詩云：「問道松醪賤，何須恡錯刀？」及梅聖俞詩云：「爾持金錯刀，不入鵝眼貫。」若此則指爲錢矣。孟浩然詩云：「美人聘金錯，纖手膾紅鱗。」錢昭度詩：「荷揮萬朵玉如意，蟬弄一聲金錯刀。」若此則指爲刀矣。詩家用之不同，故分白之。

騷篇

《楚辭》多以九爲義。屈原曰《九章》、曰《九歌》，宋玉曰《九辯》，王褒曰《九懷》，劉向曰《九嘆》是也。後人繼之者，又有如曹植之《九愁》、《九詠》，陸雲之《九愍》，前後祖述，必用九者。王逸註：「《九辨》爲九者，陽之數，道之綱紀也。」《五臣文選注》亦云：

「九者，陽之數極，自謂否極，取爲歌名也。」二家之説如此。余按《山海經》曰：「夏后開上，三嬪于天，言戲美人于天帝也。得《九辨》與《九歌》以下。」郭景純注引《歸藏開筮》曰：「昔彼九宜，是爲帝辨。同宫之序，是爲《九歌》。」考此則《九歌》、《九辨》皆天帝樂名，夏初得之，屈原、宋玉取諸此也。况屈、宋騷辭多摘《山海經》之事迹乎？《詩》亡而後《騷》作，《騷》亦詩樂之餘派，樂至九而成，故《周禮》九德之歌、簫韶之舞奏於宗廟之中，樂必九變而可成禮。所以必取於九者，黄鍾在子，《太玄》以爲子數九，得非黄鍾爲五音之宫歟？然則屈原而下，寫辭歸諫，寓諸樂章，將以感神之心，而感人意亦切矣。

玉堂

昔人論玉堂乃前漢殿名，至其後也，翰苑則名玉堂之署，又其後也避諱，直曰玉堂，是以殿名榜直廬矣。余考玉堂之名不止漢殿也，楚蘭臺之宫亦有玉堂，宋玉《風賦》：「倘佯乎中庭，北上玉堂。」東漢文翁講授之室亦名玉堂，天上神仙壁記之地亦名玉堂，名山仙人所居之地亦有玉堂。至於唐人梅詩有云：「白玉堂前一樹梅，今朝忽見數枝開。兒家門户重重閉，春色何因得入時？」此白玉堂則如古樂府「君家誠易知，易知復難忘。黄金爲君門，白玉爲君堂。堂上罷尊酒，使作邯鄲倡」，非翰苑之玉堂矣。然則玉堂之名不始於漢，不專於殿云。

器勒工名

《禮記·月令》：「命工師効功，陳祭器，物勒工名，以考其成。」器必著名，止爲祭器設。《晉令》曰：「欲作漆器，賣者各注主吏者名乃得作。家當用淳漆着布器，成以朱題年月姓名。」則知至今粥髹器者以朱識于底，自晉然也。

堯韭

周益公《校正文苑英華序》云：「以堯韭對舜華，非一。」《本草注》：「安知其爲菖蒲？」按梁元帝《玄覽賦》曰「金鹽玉豉，堯韭舜華」，論此也。余讀它書亦有用者。如顔聚載梁太子《賚河南菜啓》則云：「堯韭未儔，姬歜非喻。」又以堯韭對姬歜矣。固曰堯韭於《本草》而不知所以名之之義。後見《典術》曰：「聖王之仁，功濟天下者，堯也。天星降精于庭爲韭，感百陰爲菖蒲焉。」今菖蒲是也。

無它

古人稱「無恙」、「無它」，義各不同。自應劭《風俗通》以恙爲噬蟲，能食人心，然《爾雅》、《説文》皆以憂釋之。昔有辨恙非虫者，今不贅數。嘗讀《顔魯公集》，有《湖州烏程縣妙喜寺碑》云：「晉吴興太守何楷釣臺，西北五十步至避它城。」《説文》云：「它，蛇也。上古患他，而相問：『得無他乎？』」蓋古人築城以避它也。如此則無恙可以爲虚字，無它則不可爲虚字也。

石敢當

漢史游《急就章》云：「石敢當。」顔師古注曰：「衛有石碏、石買、石惡【二】，鄭有石癸、石楚、石制【三】，皆爲石氏。周有石速，齊有石紛如，其後以命族，人名敢當，所向無敵也。」余因吴民之廬舍衢陌直衝，必設石人，或植片石，題鐫曰石敢當以寓厭禳之旨，亦有本也。

高春

「《淮南子》曰：『日經於泉隅，是謂高春。頓于蓮石【四】，是謂下春。』故梁元帝《遊後園》詩：『斜景落高春。』又《納凉》詩：『高春斜日下。』唐薛能詩：『隔溪遥見夕陽春。』」皆本《淮南子》也。已上皆《吴氏漫録》云。余按「高春」二字古人用者多矣，今附益之：《南史·陳本紀》云：「求衣昧旦，仄食高春。」柳子厚詩：「越絶孤城千萬峯，空齋不語坐高春。」李義山詩：「碧虚隨轉笠，紅燭近高春。」皆以日景爲言也。訂之注釋，未

【二】衛有石碏石買石惡　「碏」原作「錯」，「買」原作「賈」，據《急就篇》顔師古注改。

【三】鄭有石癸石楚石制　原作「鄭南石制」，據《急就篇》顔師古注補改。

【四】蓮石　吴曾《能改齋漫録》卷六引作「連石」。

暝時上光蒙春，曰上春；欲暝時下光蒙春，曰下春。豈晚日近昏之候乎？

讀山海經

《山海經》，漢劉歆典校爲十八篇，謂出唐、虞之際，禹平洪水，伯翳主驅禽獸，命山川，類草木。及禹任土作貢，而益等類物之善惡者【五】，著《山海經》也。至晉郭璞注序亦云：「夏后之迹，靡列於將來；八荒之事，有聞於後裔【六】。」亦爲禹初書矣。及淳熙庚子，尤遂初文定著刊于池陽，其跋畧云：《山海經》，夏禹爲之，非也。其間或援啓及有窮后羿之事，漢儒或謂伯翳爲之，非也。然屈原《離騷》多摘取其山川，則言帝嚳葬于陰，帝堯葬於陽，且繼以文王皆葬其所。又言夏耕之尸也，則曰湯伐夏桀于章山，克之；其論相顧之尸也，則曰伯夷父生西岳【七】，西岳生先龍【八】，按此三事則不止及夏啓、后羿而已，是周初亦嘗及之，定爲先秦書，信矣。大抵如《穆天子傳》，如《竹書紀年》，多荒怪不經之事，皆此類也。

滑汰

滑汰，東坡《秧馬歌》：「以我兩足爲四蹄，聳踊滑汰如鳧鷖。」汰，入聲。

【五】而益等　「等」原作「籌」，據劉歆《上山海經奏》（《山海經》卷首）改。

【六】有聞於後裔　「聞」原作「開」，據郭璞《山海經序》改。

【七】西岳　原作「四岳」，據《山海經》第十八《海内經》改。

【八】西岳生先龍　原作「先生龍」，據《山海經》第十八《海内經》補改。

桃源手聽

陳賓撰

制敵

嘗論戰、守、和皆應敵之具，而非制敵之本。乃在夫可以戰，可以守，可以和者，此實其腹心而運用四支之道也。蓋盡吾所以治中國者，則戰之中有和、有守，守之中有和、有戰，和之中亦有戰、有守，如環無端，迭相爲用，其變不同，則其所以應之者亦不一。要令制敵在我，而其力常有餘，欲戰則爲唐太宗，欲守則爲漢光武，欲和則爲漢文帝，如斯而已。苟惟先外而後内，執一而廢二，以鏖兵爲戰，以畫地爲守，以懈弛爲和，則以戰乃秦氏、隋氏之戰，守乃朱梁之守，而其和乃石晉之和矣：此刻舟守株之論，不通之甚也。

詔市牛筋

孝宗朝，詔婺州市牛筋五千斤。時李侍郎椿字壽翁爲守，奏一牛之筋纔四兩，今必求此，是欲屠二萬牛也。上悟，爲收前詔。

駢語

八萬四千母陀羅臂，示現衆生煩惱林；三十二應具足妙身，成就無量功德海。

自作墓銘

白樂天自作《醉吟先生傳》、《醉吟先生墓志銘》。

東坡書扇

東坡爲錢塘時，民有訴扇肆負債二萬者。逮至，則曰：「天久雨且寒，有扇莫售，非不肯償也。」公令以扇二十來，就判事筆隨意作行艸及枯木、竹石以付之，纔出門，人競以千錢取一扇，所持立盡，遂悉償所負。

論筆

尖齊圓健，秃偏褊弱。

四肘爲一弓

《薩波多論》云：「西天度地，以四肘爲一弓，去村店五百弓，不遠不近，以閒散處爲蘭若。」今若以唐尺計之，度二里許也。《通鑑》費氏本《唐武帝記》。

春雪詩

南昌士人周伯仁友之《和人春雪詩》：「照天不夜梨花月，落地無聲柳絮風。」

宗室

有服宗室爲宗室，無服宗室爲宗室子。

史越王歸里

史越王罷相歸里，經從慈溪，邑宰蔣鶚遠迎。既見，邑吏而下皆參羅拜庭下，越王答拜。蔣宰局蹐請免，王曰：「門下與之有名分，某與之爲鄉曲。」

座右銘

張德遠《座右銘》云：「夫血氣不可以勝人，勝人者，理也；剛不可以屈物，屈物者，柔也。懷疑于人，人未可疑而已先疑矣；逆詐于人，人未必詐而已先詐矣。揚人之善，人將揚其善；掩人之惡，人將掩其惡。待我以不誠，而我應之以誠，則彼自愧；犯我以非理，而我以理服之，則彼自服。我以容人則易，人以容我則難。望人太深則生怨，察物太明則取憎。」

躤柳

壬辰二月三日，在金陵預閱李顯忠兵，司馬最後折柳，環插毬場，軍士馳馬射之。其矢鏃闊于常鏃略可寸餘，中輒斷之，名曰「躤柳」，其呼「躤」若「乍」聲。樞帥洪公謂予曰【一】：「何始？」予曰：「殆蹛林故事耶？」《漢書·匈奴傳》：「秋高馬肥，大會蹛林。」服虔曰：「蹛音帶。」師古曰：「蹛者，繞林而祭也。鮮卑之俗，自古相傳，秋之天祭無林木者。嘗植柳枝，衆騎馳繞三周乃出，此其遺法。」按此即予言有證也。其相馳躤之外加弓矢焉，則又益文矣。出《演繁露》。

【一】樞帥洪公謂予曰　「帥」原作「師」，據宛委山堂本改。

書法

錢鄧州若水嘗言：古之善書鮮有得筆法者，唐陸希聲得之，凡五字，擫、押、鉤、格、柢，用筆雙鉤，則點畫遒勁而盡妙矣，謂之撥鐙法。希聲自言，昔二王皆傳此法，自斯公以至陽冰亦得之。希聲以授沙門䛒光，䛒光入長安爲翰林供奉，希聲猶未達，以詩寄䛒光曰：「筆下龍蛇似有神，天池雷雨變逡巡。寄言昔日不龜手，應念江頭洴澼人。」䛒光感其言，因引薦希聲於貴倖，後至宰相。刁衎言，江南後主得此法，書絶勁，復增二字曰導、送。今待詔尹熙古亦得之，而所書爲一時之絶。李無惑工篆，亦得其法。查道始習篆，患其體勢柔弱，熙古教以此法，仍雙鉤用筆，經年手始習熟，而篆體勁直甚佳。

小篆

李無惑，同安人，善小篆，爲翰林待詔。蓋斯公、陽冰之後，未見其比。徐鉉、鄭文寶、查道、高紳，端妙又過于陽冰，士大夫家藏之以爲寶。

校勘記

韋居聽輿

陳　直　撰

讖

福州舊有讖云：「獅兒走，狗兒吼，狀元在門首。」皆莫曉。至黄朴賜第之年，元日，其相對屋上瓦獅墮地，羣犬從而吠之。已而黄魁天下。

衡棺

朱文公之葬衡棺，術家云：「斯文當不墜。」丁卯臘月三日，訪湖州孔守應得説云。

文公卜兆

文公初卜劉夫人兆，因爲壽藏，嘗叩之名術者，有「龍歸後唐」之兆繇。一日至麻沙鎮，睹一木牌自山溪販至者，問其所從來，以後唐龍鎮對，遂令導往，果得奇境。

盤溝大聖

蘇州承天寺西廡後普賢院，有神曰盤溝大聖。初濟州盤溝民沈翁父子業塑，工于嬰孩。翁死，婦語其子：「我不作福，汝父已喪，奈貧何？」因發願飯僧。詰朝，即有來者，自是不輟，以及一紀。或于別次，謝其不倦且扣所業，出一包粟授其子曰：「以塑僧像，置粟一粒于中。有禱者擎且祝，吉則拜，凶則否。一尊取錢一百二十，日無過五尊。」已而買者祈禱輒驗，至于家有其像。常州無錫徐侍郎梓官濟，得之以歸，後入承天。紹興間，閱歲已百，靈響如昔。光廟常宣像入内，賜僧牒二以奉之，雙井黄西之爲記。其像爲坐相，高可尺許，製甚朴，而神欣悦如生，他塑者莫比。

埋祭

相州新安祠雲嵐皆用埋瘞，或以爲異。康植守廣德，不以爲信，至用郡印印其封，翊日發視無有。或以爲見異物，恐未必然。此蓋《周禮》：「以貍沉祭山林川澤。」注云：「祭山林曰埋，川澤曰沈。」然則尚矣。

玉筯羹

温州平陽有蕭寺丞子震，少夢神人告以壽止十八。至十七歲，父帥蜀，不欲從，詰之，以夢告父，以茫昧强之行。至郡，則有盛集。蜀俗主帥初入大宴，酒三行，例進玉筯羹。每取牸牛，烙鐵鑽其乳而出之，乳凝筯上以爲饌。蕭子偶至庖，見縶牛，扣知其故，亟以白父，索食單，判免此味，蕭又乞增「永」字于其上。已而復夢神言：「汝有陰德，不獨免夭，可望期頤。」果至九十餘。

受刑無血

景僧録受刑無血。《通鑑》：宋景平元年魏陷虎牢，先泄城中井，人馬渴乏，被創之人不出血。又聞李庭芝死亦無血。

夫人妬

周益公夫人妬。有媵，公盼之，夫人縻之庭。公過之，當暑以渴告，公以熟水酌之。夫人窺于屏，曰：「好箇相公，爲婢酌水！」公笑曰：「獨不見建義井者乎？」

葦航紀談

蔣津 撰

錢塘西湖三賢堂兩處【一】，而皆有東坡先生。其一在孤山竹閣，乃香山居士白樂天、和靖先生林君復、東坡先生蘇子瞻三賢像。中興建都，孤山爲延祥觀，而閣與像俱廢。乾道五年，郡守周淙建於水仙王廟之東廡，親染其額，蓋取坡詩配食水仙王之意。後慶元間，守臣趙從善於廟前湖隄下浚井，以亭覆之，名曰「薦菊」，亦取坡詩「一盞寒泉薦秋菊」之意。運諸所有三君石刻並附於堂中。繼寶慶間，袁彦淳尹天府，請於朝，依會稽、金陵舊制，遂即蘇隄中新亭增築，圍地廣建堂室，移水仙王廟三賢像於中，前後布設亭軒，以其石刻並分置於下，大丞相魯國公書額，爲西湖之壯觀。其一在龍井壽聖院方圓庵東，即趙清獻公問堂而爲三賢堂，乃清獻公閱道、蘇東坡、辯才法師若訥像【二】，而寺在龍井之西北數里羣山中，寺門有歸隱橋，下有滌心沼。遊人多不到彼，是以少有語及者。

户部尚書沈公詵，爲人寬厚，嘗在刑曹，有一兵卒患背疽，乞告假，公然之，親爲合藥。時旱蝗，當致齋圓壇祭酺神，猶叮嚀治藥。内用酒，公恐其貪酒不治藥【三】，又親爲治之，使人持付，服之愈。其藥用瓜蔞一箇，乳香、没藥各五錢，甘草三錢，用醇酒九盞，煎取三盞，臨服之時嚼没藥一塊，飲此酒極妙。又在朝中，所僦傳舍被鄰人子盜廳書司物，詰之，

校勘記

【一】錢塘西湖三賢堂兩處　「堂」原闕，據宛委山堂本補。

【二】辯才法師若訥像　「訥」原作「納」，據宛委山堂本改。

【三】公恐其貪酒不治藥　「貪」原作「貨」，據宛委山堂本改。

已付於有司。公聞之,適尚書趙公師羼尹天府,公語趙公之子料院曰:「此人亦小仕宦子弟,貧而至此。望語師佐,少寬斯人,惟薄責之。」其鄰家子訟歸,公又以錢米安其家。後致政歸苕溪,每值歉歲,公即發己家租米,市中出糶,止依元直,公自當斛斗,每倍量與人,或以錢密置米中。鄉人不識公,但云著青布衫道人量得米好,其實乃沈公也。

孔天瑞《西資詩話》云:「『疎影横斜水清淺,暗香浮動月黄昏。』不知和靖意偶到爲,復愛其句,取以詠梅也。」然唐人詩或林君復詩可否,未必。而句中有黄昏二字,議詩者謂日斜爲黄昏,非也。此二字蓋亦兩字耳。若謂日斜,而詩不曰日黄昏而曰月黄昏,蓋有源矣。予嘗宿於月湖外家,其家有堂植梅竹,因曰「雙清」。予至每宿於此,而花盛開,其香發於四鼓後,起視,月已西下,而月色比當午時而黄更昏,正此時已五鼓矣。非獨此花言,應有香之花皆然。薝蔔古有賦,「惱人惟是夜深梔子香濃」,非云夜淺而云夜深,亦此意也。蓋謂晝午後,陰氣用事而花斂豔藏香;夜午後,陽氣用事而花敷蕊散香耳:以此知黄昏乃夜深也。

天佛有六通,神仙有五通,比佛而不能慧。而人有四通,謂富則身通,貴則語通【四】,窮理性通,性定慧通。持此語之陸放翁,放翁深然之。

大凡服治風藥,不可食羊。予目擊之,不唯無效,亦甚有所反。江右楊萬里親語此,嘗見人食至於死。

【四】貴則語通　「語」原作「詩」,據宛委山堂本改。

作詞者流，多用寃家爲事，初未知何等語，亦不知所出。後因閲《烟花記》，有云寃家之説有六：情深意濃，彼此牽繫，寧有死耳，不懷異心，此所謂寃家者一也；兩情相繫【五】，阻隔萬端，心想魂飛，寢食俱廢，此所謂寃家者二也；長亭短亭，臨歧分袂，黯然銷魂，悲泣良苦，此所謂寃家者三也；山遥水遠，魚雁無憑，夢寐相思，柔腸寸斷，此所謂寃家者四也；憐新棄舊，辜恩負義，恨切惆悵，怨深刻骨，此所謂寃家者五也；一生一死，觸景悲傷，抱恨成疾，殆與俱逝，此所謂寃家者六也。此語雖鄙俚，亦予之未聞耳。

紹興庚寅【六】，天台水起，雖城中亦被害及十分之七。水退而官司各訪舊地，忽主簿廳基衝出一朱棺，正當廳治。其簿朱公俾令移往山東掩瘞，役夫開掘其地，忽見一碣上有字云：「乾卦吉，坤卦凶，五百年逢朱主簿，移我葬山東。」雖不知其爲誰，而亦異其事，遂移葬之。

嘉泰間，内臣李侯大謙於行都九里松玉泉寺側建功德寺。役工數内漆匠章生者，乃天台人也，偶春夜出浴回，於途中遇一老嫗，挽入小門，暗中以手摸壁，隨嫗而行，但覺是布爲幕。轉經數曲，至一室中，使就物坐，此嫗乃去。繼有一尼，攜燈而至，又見四壁皆青赤衣幃遮護，終不知何地。此尼又引經數曲，又至一室，燈燭、帷帳、酒殽、器皿一一畢備，俱非中下人家所有之物。章生見之驚異，亦不敢問其所以，且疑且喜。尼師往，將頃復至，後有一婦人隨至，容質非常，惟不冠飾。章生畏懼，尼師逼使共坐，遂召前嫗命酒殽數

【五】兩情相繫　「繫」原作「有」，據宛委山堂本改。

【六】紹興庚寅　案：紹興無庚寅。

杯，此婦人更不一語。尼師云：「已晚矣。」章生但懇禱尼師：「匠者無錢。」尼師終不顧允，遂令就寢，尼師執燈扃户而去。章生屢詢所來及姓名，而斯人竟無一言，疑爲瘖疾。至鐘動，其尼復至，啓鑰喚起章生出。令前嫗引出，亦捫布壁而行覺至一門，非先來所經。此嫗令出街，可至役所。章生如夢寐中，行至一街，至曉【七】，即離所造之寺二里許，後循路歸。其董役者怪責不歸，及具語此，使徧訪之，終不得其元所入門域。衆皆爲遇鬼物，而有一木匠云：「此固寵借種耳。」

朱無惑著《萍洲可談》載孫沔元規治杭州悟空寺僧徒以殺人爲虀之事【八】，此仁宗朝事。中興後，紹興中臨安府崇新門外鹿苑寺，乃殿帥楊存中郡王特建，以處此地流寓僧。一歲元宵，側近營婦連夜入寺觀燈，有殿司將官妻同一女觀燈，乃爲數僧引入房中，置酒盛饌，勸令其醉，遂留宿於幽室，遽殺其母，而留其女，女不敢哀。及半年，三僧盡出。其房後窗外乃是野地，女因逼窗望之，見一卒在地打草，因呼近窗下，備語前事，可急往某寨某將家報言，可速取我。卒乃如其言，往報之，將官即密告楊帥。遂遣人告報本寺，來日郡王自來齋，合寺僧行、人力亦齋，本府自遣廚子排齋。至是伺其坐定，令每二卒擒下一僧，又令擒盡合寺僧行、人力，盡縛之。即帥百十卒破其寺【九】，果得其女，見父號慟。遂縛三人，并主首送所屬，依法施行，而毀其寺，逐去諸髡，此亦悟空寺相類。況婦人遊寺院，有何所益？而與之遊狎者，又可怪爾。

【七】至曉　「曉」原作「晚」，據宛委山堂本改。

【八】孫沔元規　「沔」原作「馮」，據宛委山堂本改。案：孫沔，會稽人，曾知杭州。

【九】即帥百十卒破其寺　「帥」原作「仰」，據宛委山堂本改。

嘉禾方千里一日會相識張更生，千里乃作一令戲之曰：「古人是劉更生，今人是張更生。手内執一卷《金剛經》，問你是卵生、胎生、濕生、化生？」張更生還千里令云：「古人是馬千里，今人是方千里。手内執一卷《刑法志》，問你要五百里、一千里、三千里【一〇】？」聞者莫不笑其切也。

韓彦古時爲户曹尚書，孝宗皇帝問曰：「十石米有多寡？」彦古對曰：「萬合、千升、百斗、廿斛。」遂稱旨。

世之巧宦者皆謂之鑽。班固云：「商鞅挾三術以鑽孝公。」嘉定間士大夫有一戲論於從政云：「將仕皆得改官，獨顔子孔門四科之首，不得改官。夫子曰：『回也不改。』顔子鑽錯了，鑽之彌堅，如何改官？」【一一】

【一〇】三千里　「三」原作「五」，據宛委山堂本改。

【一一】本則僅載於宛委山堂本中。

浩然齋意抄

周密　撰

五鳩

鵃鳩。鵃亦作鵻，音趍，別音沮，非。　鳲鳩。布穀也。《曹風》「鳲鳩」是也。　祝鳩。鵓鳩也，《四牡》、《嘉魚》之詩是也。　爽鳩。《大明》之鷹揚是也。　鶻鳩。鷽鳩也，非班鳩。《鵲巢》之鳩又在五鳩之外。

騶虞

騶虞，嚴氏作騶虞御人，非獸也，呂作獸。

裁

《左傳》：「水昏正而裁。」今築牆之板也。音在《定之方中》。

膏沐

膏所以膏面，沐蓋潘米汁，可以沐頭。左氏遺之潘沐，魯遣展氏喜以膏沐勞齊師，則非專婦人用也。今之賜脂是也。

左辟

葛儼云：「宛然左辟。」辟音避。蘇氏曰：「讓而避者必左。」

甗甎

郭璞云：「甓，甗甎也。」甗音鹿。

河麋

《巧言》：「彼何人斯？居河之麋。」音眉。《傳》曰：「水艸交曰麋。」李氏曰：「《左傳》：『吾賜汝孟諸之麋。』」

稷雪米雪

《毛詩補注》：「先集維霰。」曰：「霰，稷雪也，或謂之米雪，謂其粒若稷若米然。」

緑竹

緑竹，陸璣注以爲木賊草也。見《采緑》。

醻酢

醻酢，尊飲也。欲以醻賓而先自飲以導之，此飲觴之初，自飲訖進酒于賓，乃謂之醻。酢，報也。賓既卒爵，洗而酌主人也。瓠言酌，言酢之酌言醻之。

殿屎

殿屎，殿去聲，屎音熙。呻吟也。《板》：「民之方殿屎。」

炰烋

炰烋，音包哮。《蕩》：「女炰烋于中國。」

中垢

中垢，《桑柔》：「維彼不順，征以中垢。」垢音苟，中垢猶内汙也。蓋以閨門之事汙蠛之，若王鳳之誣毁王商。

鎗金

鎗金，《載見》：「鞗革有鎗【一】。」鎗音鏘。《箋》曰：「鎗，金飾貌。」疑今世所謂搶金者，以平聲爲去聲呼耳。當考。

剖冰

王祥卧冰。按《晉》本傳及《陽秋》云，祥性至孝，繼母朱氏疾，嘗欲生魚。時天寒冰凍，解衣將剖冰求之，冰忽自解，雙鯉躍出，持之而歸。無卧冰事。

司馬稱好

《司馬德操别傳》曰【二】：「時人有以人物問徽者，每輒言佳。其婦諫曰：『人質所疑，君宜辨論，而一皆言佳【三】，豈人之所以咨君之意乎【四】？』徽曰：『如君所言，亦復佳。』」

【一】鞗革有鎗　「革」原作「巢」，據《詩經·周頌·載見》改。

【二】司馬德操　「德」原缺，據《世説新語·言語》補。

【三】而一皆言佳　「一皆」原作「皆一」，據《世説新語·言語》劉孝標注引《司馬徽别傳》改。

【四】咨君之意　「咨」原作「答」，據《司馬徽别傳》改。

井湄

揚雄《酒箴》：「觀缾之居，居井之眉。自用如此，不如鴟夷。」

三百顆

逸少帖：「奉橘三百顆，霜未降，未可多得。」即東坡所《書劉景文所藏子敬帖》，所謂「君家兩行十二字，氣壓鄴侯三萬籤」者是也。按元章《書史》云：王獻之《送梨帖》云：「今送梨三百顆，雪殊不佳耳。」又《東坡詩話》云：「子敬《黄柑三百顆帖》在劉景文處。」或以爲橘，或以爲梨，或以爲柑，莫知孰然也。

主孟啗

《國語》，優施謂里克妻曰【五】：「主孟啗我。」注云：「大夫之妻，從夫稱主，而孟則里克妻字也。」

綽虐

韓詩：「綽虐顧我顔不歡。」坡詩：「一語遭綽虐，失身墜蓬萊。」

【五】優施　原作「施優」，據《國語·晉語》改。

滑汏

東坡《秧馬歌》:「以我兩足爲四蹄,聳踊滑汏如凫鷖。」汏去聲。

蕺

越中有蕺山,葉似蕎麥,地肥亦能蔓生,莖紫赤色,多生山谷陰處。《吴越春秋》云:「越王嗜蕺,嘗采于此山,故名。」《本艸》云:「關中謂之葅菜。」《齊民要術》亦有蕺葅法。然生擷之微有臭氣,凶年民斸根食之,諺曰:「豐年惡爾臭,荒年賴爾活。」今所謂魚腥艸是。爐火家謂之天蕎麥,爛五石作泥。

巢菜

蜀蔬有兩巢:大巢,豌豆之不實者;小巢生稻中。東坡所賦元脩菜也。吴中絶多,一名漂摇艸,一名野蠶荳。

餳枝

俗以油煤粉餌綴之米糝,名蓼花,取其近似也。放翁詩云:「新煤餳枝綴紅糝。」二字頗新。

蔗霜　糖冰

魯直《答雍熙長老寄糖霜》詩：「遠寄蔗霜如有味。」又《糖霜譜》曰：「遂寧有糖冰，冠于四郡云。」

絮

方言以濡滯不決絶爲絮，猶絮之柔韌牽連無邊幅也。富、韓並相時，偶有一事，富公疑之，久不決，韓謂富曰：「公又絮。」富變色曰：「絮是何言也？」劉夷叔嘗用爲《如夢令》云：「休絮、休絮，我自明朝歸去。」

對人不言貧

胡文定公家至貧，轉徙流寓，遂至空乏，然貧之一字于親故間非惟口所不道，亦手所不書。嘗戒子弟曰：「對人言貧，其意將何求？汝曹志之。」

劍𣪡

史公奕《洛陽懷古》詩：「玉光照夜新家冢，劍𣪡沉沙古戰場。」

賀枸杞表

宣和盛時，所在有靈芝、朱艸祥異之獻，表賀殆無虚日。會朝廷進築順州城，得枸杞于土中，其形如獒狀，仙家所謂千歲所化者。主者得之喜甚，于是馳貢闕庭，蓋徽宗生于壬戌，正符所屬之辰，尤以爲美祥。宰臣欲以詰朝拜表稱賀，諸公閣筆。先是，庠序久束王氏之學，不爲應用之文，時有舊太學生綦密禮者，素善此，主者延至東閣，授以此題。綦從容屬聯，妙絶一時，首曰：「靈根夜吠，變異質于千年；驛騎朝馳，薦聖人之萬歲。眷荒裔沉藏之久，實王師恢復之初。物豈無知？時各有待。」綦字叔原。

建康似洛

「風景不殊，舉目有山河之異。」此江左新亭語。尋常讀去，不曉其語，蓋洛陽四山圍，伊、洛、瀍、澗在中；時建康亦四山圍，秦淮直在中，故云耳。所以李白詩曰：「山似洛陽多。」許渾詩云：「只有青山似洛中。」

商隱詩

李商隱詩云：「洛陽宮殿鬱嵯峨，六國樓臺艷綺羅。自是當年秦帝醉，不關天地有山河。」末兩句不可曉【六】。南昌裘同論詩，以爲秦帝合作天帝，天地合作秦地，事在張平子《西京賦》曰：「昔者天帝悦穆公而覲之，饗以鈞天廣樂，帝有醉焉，乃爲金策，錫用此土，而翦諸鶉首。是時也，並爲强國者有六，然而四海同宅西秦，豈不詭哉！」李善曰：「昔秦穆公嘗如此，十日而寤【七】。」《志林》曰：「天帝醉暴，金隕石墜云云。」《列仙贊》云：「秦穆受金策祚世之業。」史載秦地雨金三日，金悮隕，其是耶？嗚呼，天帝有時而醉耶？

峻

峻，臧回切，又作朘，赤子陰也。老子云：「未知牝牡之合而峻作，精之至也。」建寧人土音亦以此音呼小兒之陰。

五銘

貌、言、視、聽、思曰五事。孔子告顔子，視、聽、言、動，非不及思也，在其中也，《九

【六】李商隱詩云……末兩句不可曉　案：所引詩乃李商隱《咸陽》，李詩原不誤，而周密所引實誤。

【七】十日而寤　《文選》卷二《西京賦》李善注「十」作「七」。

思》一章可見矣。思爲四事本五事，亦還相爲本作《五事銘》。其《貌銘》曰：貌曰恭，君子容。瞻視尊，衣冠中。匪色厲，内美充。足恭者，貌似同。載僞拙，滅德兇。人肖貌，天地通。玉温温，春融融。恭而安，乃聽恭。《言銘》曰：言有好，言有莠。口溺人，招悔咎。言曰从，匪从口。接以道，發不苟。滿天下，垂永久。多言哉，中是守。雷風行，萬竅吼。雷風息，一何有。《視銘》曰：視何蔽，目之翳。今不去，目不麗。目本明，視何累。可去乎，非翳比。翳外來，視匪外。外亦視，何外内。自神明，自静心。止乎禮，非勿視。《聽銘》曰：聽是非，耳司之。聲自物，來無時。耳亦物，今交迷。忽深省，聽者誰？心大空，物不違。孰爲物，吾何虚。能知受，聽在兹。兢兢乎，道心微。《思銘》曰：思無斁，深莫測。雖莫測，有限閾。不出位，介如石。鏡中象，應無迹。思在心，妙天則。思神通，精之極。是曰睿，入聖域。易無思，思亦易。

墨

張﨤齋試墨，仲壽字希静。李廷珪、文元、皆文百年如石，一點如漆。潘衡。宣和龍香時劑，姓氏磨滅不可辨，有「御前墨工」四字。蒲大韶、書幌輕煤，佛帳餘馥。德壽、蔡世英造。朱知常香劑、梁果復古。葉邦憲造。雪齋墨，實蘗桂堂李世英、胡友直、周朝式、潘衡孫秉彝、李世英男克恭、樂温蒲彦輝、劉文通、郭忠厚、鏡湖方氏、齊峰、緝熙、劉士先造。寓庵、得李、潘心法。俞林丘紗共製香墨，黄表之。善慶書寳、贈東。徐禧、葉茂實、翁彦卿。

會稽先賢

《會稽先賢傳贊》序云：會稽共建國也，自山陰南走剡，東走上虞、餘姚之間，江山皆奇麗清遠，烟雲濃淡，樓觀出没，有詩人畫工所不能模寫者。故漢、晉以來，全德高行之士多萃于是，而方外瞿仙、絶俗遺世者往往出焉。予蒙恩來守是邦，得勝地湖中，用道家法，築宫以祈雨。宫成，因即其兩廡，左祠高士，右奉列仙，皆作贊刻石，以備會稽故事。或謂鴟夷子皮之決，賀季真之高，不得名高士，何也？於乎，予于是豈無意哉！夫貴于士者，進退不失禮義，彼子皮之遺言，有人臣所不忍；而季真阿附時好，黄冠東歸，又使李林甫輩祖餞賦詩，予見其辱，未見其榮也。夫二公之賢，吾輩所當敬仰，然使子皮居嚴子陵之上，季真置張子同之列，則有不可者。故具述之，覬來者知予之不敢苟，而高士尤可貴也。乾道己丑上巳，句章史浩序。

高尚之士

漢嚴先生。光字子陵。漢王先生。充字仲任。漢袁先生。忠字正甫。漢桓先生。曄字文林。魏嵇先生。康字叔夜。晉孔先生。愉字敬康。晉虞先生。喜字仲寧。晉阮先生。裕字思廣。晉王先生。羲之字逸少。晉謝先生。安字安石。晉謝先生。敷字敬緒。晉戴先生。逵字安道。宋朱先生。百年，史失其名。宋戴先生。顒字仲若。宋孔先生。復之字彦深。宋孔先生。祐，史失其名。齊褚先生。伯玉字元琮。梁何先生。胤字子季。唐秦先生。系字公緒。唐張先生。志和字子同。

列仙之傳

越相范公。蠡字少伯。漢南昌尉梅公。福字子真。漢太尉鄭公。弘字巨君。漢魏先生。伯陽，或以爲字。漢薊先生。子訓。吴上虞令劉公。綱字伯經。吴介先生。象字元則。吴趙先生。廣信。吴虞先生。翁主。晉夏先生。統字仲御。晉葛先生。玄字孝先。晉抱朴子葛公。洪字稚川。晉長史許公。謐字思玄。齊顧先生。歡字景怡。齊光禄大夫孔公。靈産，史失其字。齊杜先生。景産字景齊。梁貞白陶先生。弘景字通明。唐秘書監賀公。知章字季真。唐宗元吴先生。筠字貞節。唐嚴先生。青。唐元英方先生。干字雄飛。

鎮江策問曰：事有利害，不切身而傷懷；人有古今，不同時而合志。吾亦不知其何心也。登冶城，訪新亭，欲問神州在何處。後南渡百四十年，惟見青山一髮，眇眇愁予，耆老不足證矣，安得不痞痳東晉諸賢乎？衰艸寒烟，猶帶齊、梁光景，徒以重人黯然耳。不知秦淮舊月，曾照見千載英雄肝膽乎？惜其遠而不可詰也。北來忠義，王澤在心，慨嘆黍離，悲歌蒲柳，豈能忘情故都哉？自隆興至端平三大敗，縉紳不敢問中原，兵端不可輕開，國事不可再悮。思目前之危急，捨分表而經營，兹猶可藉口。柏城澗水，草木自春，不知誰家墳墓乎？每歲寒食，夏畦馬醫之子無不以麥飯洒其松楸者，長陵抔土，詎容置而不問哉？劉裕取長安，道路謁五陵時，晉寄江左百有十三年矣。五胡雲擾，豈暇念晉陵寢？堯野禹穴，誰敢以疑心視之？此臣子不忍言之至情也！秦始王、陳隱王之墓，漢猶有人守之，三歲禋霈，義夫節婦墳墓猶禁樵採，況祖宗神靈所眷顧乎？自端平至今又二十有三年矣，八陵不復動人悽愴者矣！士大夫沉于湖山歌舞之娱，何知有天下大義？諸君北風素心，豈隨末俗間斷哉？公卿談學問，自比孔、孟，論功業，自許伊、周，若限田、若鄉飲、若論秀、若里選，皆欲彷彿三代，獨此一事豈敢在晉人下乎？後之作元經者，必不恕矣。或論本朝不能復中原者，其失有四：不保全名將，不信任豪傑，不招納降附，不先據關中，未知諸君所聞如何耳？後來童幼，班荆輒音，兹固晉人所深恨。聞之西北流寓，抱孫長息于東南，同父以知中原決不可復矣。一旦聞有北方豪俊試于漕闈者，有司豈不驚喜邪？猶記乾道壬辰辛幼安告君相曰：「仇虜六十年必亡，虜亡，則中國之憂方大。」紹定足驗矣，惜乎斯人之不用于亂世也。諸君有義氣如幼安者，百尺樓上豈不能分半席乎？

坦齋筆衡

葉寘 撰

王過對孝宗

孝宗初臨御，萬機之餘，留心經術，無所不涉，百寮奏對，時有顧問，多致失措。有王過者，蜀人，著雋聲，猶在選調，宰相薦之。上殿，孝宗驟問之曰：「李融字若川，謂何？」過即對曰：「天地之氣，融而爲川，結而爲山。李融之字若川，如元結之字次山也。」上大喜，遂詔改舍人官，除密院編修。

伏章

徽宗内醮，命方士劉混康伏章出神到天，聞玉帝降敕，命元載孔昇大帝降皇后鄭氏閤。時鄭后誕彌，既而乃降生帝姬，上深謂其無驗。未幾，韋才人在鄭后閤生皇子，是爲高宗，生時紅光滿室。及高宗大漸之夕，有鶴數千盤旋德壽宫，俟升遐則皆前列，若導迎而西去者，頃之則没烟雲間。蓋元載孔昇大帝乃《度人經》稱出真定光者，位極西方之一，天八之一也。濟世中興，信其來有自。

不通家

汪彦章藻嘗因其子恪赴廣西機宜，臨行訓之曰：「自吾父及汝三世矣，未嘗與人通家往還。如妻者自娶以爲後嗣計，豈可以娱他人？」

不以殘食與宮人

高宗在德壽宮，每進御膳，必置匙筯兩副，食前多品，擇所愛者别筯取置一碟中，食之必盡，飯亦用别匙減而後食。吴后嘗問其然，曰：「不欲以殘食與宮人輩喫。」其惜福如此。

趙忠簡

趙忠簡公鼎初生時，其母夫人夢金紫偉人入其室，前有贊引者喝曰：「贊皇公至。」夫人驚寤，彷彿若有所見，未幾而忠簡公生焉。其後位宦功名多與德裕合，最是德裕自東都分司貶潮陽，忠簡公亦自四明以散官安置于潮；德裕明年貶朱崖而薨，忠簡亦從朱崖而捐館，俱壽六十二。

稻孫

米元章爲無爲守，秋日與寮佐登樓燕集，遥望田間青色如剪，元章曰：「秋已晚矣，刈穫告功，而田中復青，何也？」亟呼老農問之，農曰：「稻孫也。稻已刈，得雨復抽餘穗，故稚色如此。」元章曰：「是可喜也。」而門樓無榜，即大書榜曰「稻孫」，今大安門是也。詩人歌穗穲，即稻孫也，以「穗穲」對「稻孫」，甚的。

太學不出相

行在太學造工之初，鳴鼓集飯，有劉耆者山東來，目雙瞽，聽聲過之，問曰：「此何地？」適聞鼓聲，官氣甚旺。」旁人以建太學語之，耆曰：「若如此，則不出宰相，永無火災。」所以自中興以來六七十載，絶無鬱攸之驚，而未聞有爰立者。嘉泰中，高文虎爲祭酒，欲爲陳自强之奉，遂謂鼓不宜，請更鞔之。未幾，自强正拜，遂以更鞔堂鼓，而自强破揆席之荒也，且諷齋生建登槐之亭于舊所肄業齋之前。及韓平原冑敗，而自强盡削在身官職，竄死嶺表，詔盡籍其家，殆與庶民同。是猶不出宰相之驗，登槐之亭隨亦撤毁。

東坡牛醫

東坡在黄，即坡之下種稻，爲田五十畝，自牧一牛。一日，牛忽病，幾死，呼牛醫療之，云不識證狀。王夫人多智多經涉，語坡曰：「此牛發豆斑【一】，療法當以青蒿作粥啖之。」如言而效，嘗舉以告章子厚，謂君毋云：「我自謫居後便作老農，更無樂事，豈知老妻猶能接黑牡丹也。俗呼牛爲黑牡丹。」子厚曰【二】：「我更欲留君與語，恐人又謂從牛醫兒來，姑且去。」遂大笑而别。

岳飛

紹興中，金人遣其秘書監劉裪來聘，因問岳飛以何罪而死，館伴者無以對，但曰：「意欲謀叛，爲部將所告，以此抵誅。」裪笑曰：「江南忠臣善用兵者，止有岳飛，所至紀律甚嚴，秋毫無所犯。所謂項羽有一范增而不能用，所以爲我擒，如飛者，無亦江南之范增乎？」館伴者不敢發一語而止。秦檜約束勿以奏，即以不職貶其人。

西夏答書

逆亮渝盟，吴武安王璘爲收復陝計，使人持書與西夏，以求援兵。于是夏國答書曰：

【一】豆斑　原作「豆班」，據《蘇長公外紀》（《宋人軼事彙編》卷一二引）改。

【二】子厚曰　「曰」原闕，據《蘇長公外紀》補。

「孤聞國之將興聽于民，當從所欲；師克在和不在衆，必假諸隣。仰惟皇宋之興，咸托羣心之輔，列聖承休于洪祚，深仁充浹于寰區。緊我小邦，賴爲盟主，二百年講修于信息，億萬姓陶冶于醇醲。嗟匇率之女真，不自安于微分，鼠竊一隅之地，狼貪萬乘之幾。割斯民擬禽獸之如，視大國若寇讐之比。羈縻不遜，干索無厭，在天地所不容，致神明之咸憤！故此用兵而薄伐，尚敢肆志以不庭。毁先廟以示戰士之威，殺君母而杜諫臣之口。惟是盈科之罪，難逃負櫬之誅。幸使命之來臨，奉主言而有請，欲假師徒之衆，共揚干戚之容。恭荷來書，歡騰輿頌，共切驅羊之忿，敢辭汗馬之勞？希告庶邦，莫不徯來蘇之後；奮揚師旅，庶幾解倒懸之民。以至仁伐不仁，因多助攻寡助。乘勢而起，仗義以行。大張赫烜之皇威，一掃頑冥之醜類。請同李廣，勿令一騎之還；毋效丁公，遽爾片言之返。此上天之假手，宜壯士之協心。允穆師言，恭行天討。爾衆士既造于南土，我小國當應于西偏。渤海受命以風從，契丹乘機而雷奮。張皇宋之一路，鼓天兵而四臨。前衝而九野聲歡，左顧而羣靈色奮。勇兹歃血，動有餘威，誓將滅其衆而犁其庭，相與寢其皮而食其肉。内連七國，且殊晁錯之謀；外命諸侯，共戴武安之烈。成大功于不日，守中夏于歷年。不取必有天殃，今其時矣；一征當自葛始，君其念之。餘需報捷之臨，别候獻琛之賀。使還報勉，旨及不酬。」蓋紹興辛巳十二月也。

官制

孝宗初鋭意經武，而不樂士大夫以科目自炫。有趙善俊者，虞丞相允文薦之，上殿遂奏曰：「進士任子，自分兩途。任州縣者不相下，蓋由階帶左右，流弊至此，頃楊時嘗論之。今華貫清塗，非進士自不可至，豈在二字以寓分別？宜如元豐官制，去左右二字。」有旨從之。初制有出身者曰左，無出身者曰右，犯贓者乃削而不繫。乃是詔下，而流品混雜，天下贓吏無以示戒，而貪姦白晝剽金，人不以爲怪矣，惜夫！

神告帝統

真宗朝嘗開龍圖閣，宣示瑞物，内有三石，目曰「神告帝統石」。其緑石而丹文者二，一曰「君王萬歲」，一曰「趙二十一帝」，乃太平興國四年九月嘉州夾江縣民王誯得之于靈仙洞石匣中。其墨石而白文者一，其文曰：「誌公記吾觀四五朝後，次丙子年，出趙號太平，二十一帝。敬志醮瀆山九天司命真君，永安社稷。」乃太平興國七年三月舒州懷寧縣民柯萼得之于萬歲山之福源洞。

尤延之

尤延之袤自號錫山，胸中甚富本朝典故，討論尤博，凡朝廷議論，多所裁定。其與人談，貫穿今古，每一事引證數十，悉存根據，年月姓名，一字不差。士大夫目之曰「尤書廚」，言其該洽也。持節治郡，所至稱最，纖悉民隱，無所不達，黎庶目之爲「尤蠟燭」，言其以明破暗也。

品香

范致能平生酷愛水沉香，有精鑒。嘗謂廣舶所販之中下品，黎峒所産大磈，大率如繭栗，如附子、如芝菌、如茅竹葉者皆爲佳品，雖刳薄如紙，入水亦沉。蓋香之節目，久蟄土中，滋液流下，結而爲香。環島四郡，以萬安軍所采爲絶品。或謂萬安在島之正東，鍾朝陽之氣，尤醖藉豐郁，四面悉香，飜爇爐餘而氣不焦，所産處價與銀等。洪駒父《香譜》亦以沉香絶品。瓊之黎峒南爲最，然皆聞于人，要未得其真也。兩廣惟産橄欖香，出廣海之北，橄欖木之節目結成，狀如膠飴而清烈，無俗旖旎氣，烟清味嚴，宛有真馥。生香唯此品。如素馨、茉莉、柑柚爲蒸香，皆以降真爲骨，去其夙生而薰入焉。各有製法，而素馨之薰最佳。有吴氏者以香業于五羊城中，以龍涎著名。香有定價，家富，日饗如封君。入自叩之，彼不急于售也。高容、雷化山間亦有香，但白如木，不禁火力，氣味極短，疑亦無膏乳。士人賣不論錢也。光香、箋香、黄熟、黄生、速香、結香、排香、蓬萊香皆出海外。惟生結鷓斑，脱殼茅葉爲沉之最，蘗沉不預也。大率沉水以萬安東峒爲第一品。如范致能之所詳在海外，則登流眉片沉可與黎東之香相伯仲。登流眉有絶品，乃千年枯木所結，如石杵，如拳，如肘，如鳳，如孔雀，如龜蛇，如雲氣，如神山人物，焚一片則盈屋香霧，越三日不散。彼人自謂之無價寶，世罕有之，多歸兩廣帥府及大貴勢之家。葉蔚宗《香傳》亦多缺文。

辱井

建康辱井，今鄰法寶寺，近行宫。中以後主、麗華、貴嬪共縛沉其中，故以辱名。世傳二妃墮血淚漬石闌，故石翳猶如臙脂，禱以香幣，以帛拭之，尚有紅紫色，故俗亦稱臙脂井。建康二真仙祠，蓋張、孔二人也。

不祭墓

先儒皆以古不祭墓爲説，又以漢明帝上陵爲失禮，且謂千騎上冢，若以富貴加其先人，不可謂孝。諸家之説固然，以《周禮》考之，有冢人之官，凡祭于墓爲尸，則祭墓之禮周公已立之。晦菴專主于不墓之説，以爲神主在廟而墓所藏形體也，祭之烏乎饗？是以僞事其先也。張敬夫則謂止當詣墓哭省，設祭后土于墓左。兩家議祭禮皆不得其定。

四元

王沂公、歐陽公登第，皆有三元之目。沂公自鄉而省，自省而殿，皆占第一。歐陽則自鄉而監，自監而省，皆占第一。楊寘在仁宗朝，自鄉舉至廷對皆第一。寘未唱第，仁宗已顧在列曰：「狀元楊寘乎？」啓封果然，蓋寘有先声徹宫禁也。既得寘，上甚喜，在列以得人爲賀。政和中，張伯紀綱以三舍釋褐，徽宗御崇政殿賜之及第，顧知舉吏書張克公等曰：「人言祖宗時有三元，今綱係四元，果何如？」克公等對曰：「綱自本州升貢，次公試，次内舍校定，次上舍合格，次升補上等上舍，皆第一人，所以京師有五元之目。」上曰：「可謂得人，自來止説三元，今張五處作魁，必不是偶中，當優奬之。」遂除太學博士。綱，金壇人，其後立朝有大節，爲世名臣。

金狄

徽宗崇尚道教，凡當時詔命與夫表章皆指佛爲金狄。試舉其略：政和七年四月，詔曰：「朕每澄神默，受命訂正訛俗，甚閔中華被金狄之教盛行，而至真之道未正。」宣和三年十一月，詔曰：「噫！金狄胡風，陰邪之氣，源流派分，使信者以寂滅爲樂，豈非陰氣襲而陽魄散邪？」而林靈素凡四五表皆以金狄爲語。如《賀神霄降》云：「蠢金狄之成羣，干丹霄之正法。」如《謝駕幸寶籙院聽講〈大洞經〉》云：「幸際玉霄之主，是膺金狄之風。」又短表云：「金狄熾而華風變。」又云：「期銷金狄之魔。」而宣和元年秋，道德院奏金芝生，駕幸觀，因幸蔡京家鳴鑾堂置酒。時蔡京有詩，徽宗即席賜和曰：「道德方今喜迭興，萬邦從化本天成。定知金帝來爲主，不待春風便發生。」其後女真起海上，滅遼國，陷中原，以金國爲號，正讖金狄之禍。而金帝之來不待春風，蓋虜以宣和七年冬犯京師，以十一月二十五日城陷。時太史預借立春，出土牛以迎新歲，竟無助于事。則徽宗賜和之句甚切其讖，可勝歎哉！

奇疾

張南軒晚得奇疾，虛陽不秘，每歎曰：「養心莫善于寡慾，吾平生理會何事，而心失所養乎？」竟莫制之，踰年遂死。然自昔醫書不載此疾之證。

大觀易運碑

徽宗皇帝大觀二年秋八月，以《易》占爻一，乃御製《易運碑》，刻之延福東壁，其略曰：「如建元基，高宗御字德基。宗興得壽。謂紹興也，德壽宮名。承太乙循運，盡在九九之數。高宗聖壽八十一歲。祖傳庚申吉，謂太祖子孫再傳。建炎炎赫盛之勢。建炎年號。奈何五行逆順，天地之數，非由人致？朕嘗閱《易》，執善本基。庚子辛丑，禍起東南，謂方臘。肇動干戈，元衢立刦。壬寅癸卯，宣和間天下大亂。云世哀哉。甲辰乙巳，虜兵攻燕山。丙午丁未，金虜來，二聖北狩。內有丙火，天下生靈塗炭過半。是時天下大亂。江表之虞，駕幸江表。莫知何幸。戊申己酉，高宗初立。時正災刦。庚戌辛亥，福重勢輕。苗劉之變。壬子癸丑，後成改建。改元紹興。甲寅乙卯，立應豐穰。是年大有。丙辰丁巳，朕已何在？徽宗以紹興五年崩。聖宗復有中興之位。是年建立儲君，孝宗再續太祖之後。」其後事皆驗，信乎聖有先知之明，因往推來，在天數者，果不可逭歟！

河魨所起

楊廷秀因舉河魨所原起，古書未見有載叙者，以問尤延之，曰：「左太沖《吴都賦》叙『王鮪鯸鮐』，劉淵林註：『鯸鮐魚，狀如科斗，大者尺餘，腹下白，脰微，背上青黑有斑文。性有毒，雖水獺、大魚不敢啖之，蒸煮食之肥美。』以是考之，河魨本原莫明白于此。」廷秀檢視之，言無殊，因嘆曰：「延之真書府也。人目爲廚，何以胸中著數萬卷書乎？予不及，予不及！」

船窗夜話

顧文薦　撰

鳴哥【一】

寶祐丙辰，夏四月，平江天應觀廚堂後有隙地，守宿者夜聞井旁索掣聲，意謂盜也。往視，則無所覩者。就睡，則又響。至六月，漸入屋室，掀盆翻盎，終日不安。始疑爲鬼，久則有聲嗚然。道士郭某時掌常住職，方啓户入房，則其物先居其中，嗚號而去；或分坐叙事，爲鳴聲於足下，久則相狎而不懼，或呼之曰鳴哥。至冬，則出入道記堂前，通夕不止，以法驅逐，略不效驗。來歲當黄籙齋，至下元預行奏告。其物在真武殿側作聲一兩夜，即寂無所聞。竟不知何怪也。

巫覡致妖

吉贛地近甌粵，其俗右鬼。父老言：「巫覡挾邪，以登人門，妖怪隨至，當令絶之。」

校勘記

【一】本則録於商務印書館本，下兩則皆録於宛委山堂本。

解斷腸草毒

斷腸草形如阿魏葉，長尖條蔓，生虧三華以上即死。乾者或收藏經久，作末食亦死。如食未久，即以天汁灌，可解其毒。此草近人，則葉動，將嫩葉心浸水涓滴入口，即百竅潰血。其法急以伏卵不生雞雛者細研，和香油灌之，乃盡吐出惡物而甦，少遲不可救矣。一名胡蔓草。余聞醫家言：「凡中一切毒即以香油飲之，無傷。」予家君嘗於大暑中苦痢，諸藥不止，以意用乾葛、烏梅、甘草三味，濃煎一碗服之，遂愈。凡痢疾者腸滑，烏梅能澁腸故也。蓋骨鯁用犬涎，穀芒用鵝鴨涎，皆以此意推之。

姑蘇筆記

羅志仁　撰

老泉論漢高帝云：「帝常謂吕后曰：『周勃重厚少文，然安劉氏必勃也，可令爲太尉。』方是時，劉氏既安矣，勃又將誰安耶？高帝之以太尉屬勃也，知有吕氏之禍矣。雖然，其不去吕后，何也？勢不可也。」東坡論高帝云：「或曰：『吕后强悍，帝恐其爲變，故欲立趙王。』此又不然。自高帝之時而言之，計吕后之年，當死于惠帝之手。吕氏雖悍【一】，必不忍奪其子以與姪。惠帝既死，而吕后始有邪謀，此出于無聊，而高帝安得逆知之【二】？」父子立論亦自不同如此。

薛昂賦《蔡京君臣慶會閣》詩云：「達時可謂真千載，拜賜應須更萬回。」時人謂之「薛萬回」。賈秋壑柄國時，浙漕朱浚深源每有劄子稟事，必稱「厶萬拜覆」，時人謂之「朱萬拜」。深源，晦翁曾孫也，惜哉！

錢文僖公惟演，生富貴家，而文雅樂善出天性。晚以使相留守西京，時通判謝絳、掌書記尹洙、留守推官歐陽修皆一時勝彦，遊宴吟詠未嘗不同。洛下多水竹奇卉，凡園囿勝處無不到。有郭延卿者，居水南，少與張文定、吕文穆公游，累舉不第，以文行稱于鄉閭。張、吕繼相，更薦之，得職官，延卿亦未嘗出仕，幽亭藝花，足迹亦不及城市，至是年八十餘

校勘記

【一】吕氏雖悍　「雖」原作「强」，據宛委山堂本改。案：蘇軾《漢高帝論》（《東坡應詔集》卷七）作「吕后雖悍」。

【二】而高帝安得逆知之　「安得」原闕，據蘇軾《漢高帝論》補。若缺此二字，則文意舛訛。

矣。一日，文僖率僚屬訪之，去其居一里外，屏騎從，腰輿張蓋，及門不告以名氏。洛下士族多，過客衆【三】，延卿不常出見，莫知其何人，但欣然相接，道服對談而已。數公疏爽闓明，皆天下之選。延卿笑曰：「陋居罕有過從，嘗日所接之人，亦無如數君者。老夫甚愜，願少留，對花小酌。」于是以陶尊果蔌而進。文僖愛其野逸，爲引滿不辭。而吏報申牌，府吏、牙兵列庭中，延卿徐曰：「公等何官，而從官之多也？」尹師魯指文僖語之曰：「留守相公也。」延卿笑曰：「不圖相國肯顧野人【四】！」遂相與大笑，又曰：「尚能飲否？」文僖欣然從之，又數盃，肴盤無少加于前，而談笑自若。日入辭去，延卿送之門，顧曰：「老病不能造謝，希勿訝也！」文僖登車茫然自失，語歐公諸人曰：「此真隱者也，渠視富貴爲何等物耶？」歎息累日。宣和間，廣川董棻爲鎮江府教官。有李逈者，高尚不出，人士頗宗仰之。董時往見，與之款語。出所著書及所嘗獻朝廷者，又知其通于治道，皆切時用，非尋常事文彩取人娛悦者。董因白知府虞奕曰：「治下有隱君子，盍訪之？」虞問爲誰，董以李逈字叔友對。虞奕曰：「斯人則願見久矣！」一日，攜具邀董偕詣，而叔友預辭以未嘗製衫帽，虞許野服相見。至門下車，與董步而入。叔友降階迎客，神情蕭散，虞守甚高之。既飯，叔友起，懇曰：「李逈有老母八十矣。願得薦逈名于朝，與處士號，庶遇恩可覬。」虞守唯唯而去。明日，董誚之曰：「何不見謀而遽啓此齒？」叔友亦愧，悔曰：「恐其不再來。」董具以語諸生，共嗟惜之。予謂虞守不失爲有錢文禧之遺風，

【三】過客衆　「過」原作「遇」，據魏泰《東軒筆録》卷三改。

【四】肯顧野人　「肯」原作「青」，據《東軒筆録》卷三改。

而叔友有愧于郭延卿多矣。

賈秋壑德祐乙亥八月生日建醮詞語云：「老臣無罪，何衆議之不容？上帝好生，奈死期之已迫。適值垂弧之旦，預陳易簀之辭。切念臣際遇三朝，始終一節。爲國任怨，但知存大本以杜私門；遭時多艱，安敢顧微軀而思末路？醜虜當時之犯順，率驕兵悍將以徂征，用兵不前，致成酷害，措躬無所，惟有後圖。衆口皆詆其非，百喙難明此謗。四十年勞悴，悔不爲留侯之保身；三千里流離，猶恐置霍光于赤族。仰慚覆載，俯愧劬勞。伏願皇天后土之鑒臨，理考、度宗之昭格。三宫霽怒，收瘴骨于江邊；九廟開靈，掃妖氛于外境。」此時已無廖、王諸客矣，豈似道所自爲邪？讀之雖可怒、可笑、可恨，其文自好。

張于湖代爲和州守設廳題梁云：「宋乾道丁亥正月朔旦，郡守胡昉新作黄堂，其綏靖和民，千萬年永無斁！」詞翰奇偉，至今猶存。彭大雅文子帥蜀，築重慶城，幕客門士各撰記頌功，俱不當其意，文子乃自記十七字云：「大宋嘉熙庚子，制臣彭大雅城渝，爲蜀根本。」大書深刻之，諸人嘆服。文子以布衣位至方伯連率，功名震耀，其胸次亦不凡矣。本不工文，然吐辭超勝，以少少勝多多，暗合于湖，想見豪氣。

東坡言：「梅二丈長身秀眉，大耳紅頰，飲酒過百杯，輒正坐高拱。此其酒也，然不可謂之能飲。」蓋謂聖俞剛剛制己，不免爲酒所動矣。馮當世好佛，知太原日，以書寄王平甫曰：「并門歌舞妙麗，但閉目不觀，惟日以談禪爲事。」平甫答曰：「若如所諭，即明公未達禪理。但閉目不觀，便是一重公案。」平甫此諭與東坡意合。

古今佳文章，其湮没而不傳者亦復何限！鄭獬字毅夫，守江陵，作《楚樂亭記》云：「予之有頌云：『我是蘇州監本獃，與爺祝壽獻棺材。近來㬷𩮰知人事，雨下還歸屋裏來。』予謂張季鷹之先見、陸魯望之高標、張伯英之草聖，此不待論。多知如丁晉公在朱崖，猶能使商人迎奏乞憐于君父；盛德如范六丈，終始能先天下之憂；風流文彩如石湖，使韜一節聲名山立。蘇人獃不獃哉，若今之所觀，則風移俗改，正恨欠對耳。」

三柳軒雜識

程棨　撰

湖學祀安定胡先生爲先儒，其後久無聞。端平間，郡人胡楷世行得其女孫于城西，時遂白郡博士楊幼度叔憲。叔憲曰：「我先人于胡爲體敵之甥，《爾雅》：「妻之姊妹曰姨。」姊妹之夫體敵更相爲甥。實相其事。」率鄉曲具奩飾，得郡庠諸生陳應甫仲山，遂以歸之。胡旋有所毓，安定之脈存一綫云。仲山嘗鄉請。

平園記客言，謂《論語》凡稱「或」者，其所言皆無可取，故略其姓名。如「或謂孔子曰：子奚不爲政？」「或問禘之説，」「或曰孰謂鄹人之子知禮乎？」「或曰管仲儉乎？」「或曰雍也仁而不佞。」「或對曰申棖」之類。又謂經史中言五穀以稻爲貴，古人各以其類配之，如以殺雞配爲黍，謂野人之食也；以啜菽配飲水，謂貧士之孝也；以稷食對菜羹，謂貶降之食也；以麥飯對葱湯，謂艸艸之食也。惟食稻則對衣錦，又祭祀則以稻爲嘉膳，公享大夫則以爲吉饎，是五穀以稻爲貴。

廣德祠山神曰張，避食豨。按《祠山事要》云：「王始自長興縣疏聖瀆，欲通津廣德，化身爲豨，役使陰兵，後爲夫人李氏所覘，其工遂輟。」食避豨蓋以此。《淮南子》載禹治水時自化爲熊，以通轘轅之道，塗山氏見之，慙而化爲石。二事實相類。

胡楷世行嘗言：先世由徽來霅，買房屋廣化寺側，修理缺壁，得一故攢堂，一尸僵臥如生，觸之則輒應手灰滅，遂白有司，遷瘞之。始聞疑信相半，後閲《通典》，有假葬三年除服議：鄒詵母亡不致喪，便于堂北壁外下棺，謂之假葬。三年即吉，衛瓘以其不應除服而議之。詵言：「北方下濕，惟城中高，故遂葬于所居之宅，祭于所養之堂，不知其不可之辭。」求之《晉史》亦然，始印胡言之信。

天周九九八十一萬里，見《春秋元命苞》。去地九萬里。見徐整《曆歷記》。地廣東西二萬二千，南北二萬六千，見《河圖括地象》。自東極至于西極，五億十萬九千八百步。見《山海經》。山陵之大，川澤之注，菜茹之生，鳥獸之聚者，九百一十一萬八千二十四頃。磽角不墾者，千五萬二千頃。見《搜神記》。

水石鍾秀，山川景物可奇。《夷堅》載高州茂名縣黄尖嶺【一】，石理有岩樹景物。朱子囦帥桂【二】，以兩石致景盧，老榦扶疏，上挾雲氣，下臨廣漠，混然天成，略無斧鑿，過水石遠矣。黄尖昔有仙人潘姓居此煉丹，遺英在地，融結一層復一層，殆可揭取。

宋晦伯博識奇古，昔在蜀中曾見玉麟符，如今香囊，白玉爲質，理碾麒麟。又有片玉，長可八寸，闊三兩指，如刀有把，名抹衣，古帝王既御袍帶，以此抹腰無摺皺。又片玉甚薄，上鋭下闊，古壓舌殉葬含玉也。又塊玉如筍，名代指，講筵用以點程經籍，漢唐遺物。

世謂《蘭亭》不入《選》，以「絲竹管絃」爲病；「天朗氣清」，不當于春時言。陵陽韓

【一】黄尖嶺　「嶺」原作「領」，據洪邁《夷堅支志景》卷二改。

【二】朱子囦　《夷堅支志》作「朱子淵」。案：「囦」乃「淵」之古體字。

子蒼云：「春多氣昏，是時天氣清明，故可書，如杜子美『六月風日冷』之義；『絲竹管絃』四字，乃班孟堅《西京賦》中語。梁已前古文不在《選》中者尚多，何特此序耶？」

閩廣多蠱。或謂凡至旅寓，當扣主人云：「你家有無蠱毒？」既問之，即不行。《夷堅・辛志》載解毒咒云：「姑蘇啄，摩耶啄，吾知蠱毒生四角。父是穹窿窮【三】，母是舍耶女。眷屬百千萬【四】，吾今悉知汝。摩訶薩摩訶。」《鄭景望集》【五】：「閩廣蠱毒名曰超生，有林辛家顯得二咒曰：『本師未來，祖師來未，三百六十日，祖莫能吾前要反生，急急如律令！』又曰：『本師一，祖師來未，咒作牛咒，喫泄草，入人腸，元是喫食腸，急急如律令！』又有手訣，林不能記。藥則升麻一味，水調服。」

漁樵之隱，世固有之，未若張芸叟《南遷録》所述之異。德陽甘棠湖之南有孟氏者，世業漁釣，有聲。公訪之，門闌蕭然，竹籬數掩。孟生出見，葛衫草屨，容止語言，真江上漁人，略無異者。就茅廡一啜，左右皆漁器，腥穢逼人。稍即廳事，如富豪家，坐調呼須，已可嗟怪。頃間延至中堂，榱題軒楹，皆以髹塗，間之雕采，燦然奪目。至于酒味羹胾，莫不旨嘉。久之，出妓女三四人，皆百金之士，服飾咸宜，所傳皆京師新聲，使人終日怳然。浮休以爲任俠隱身而致富者，異矣哉！

花名十客，世以爲雅戲。姚氏《叢語》演爲三十客，其中有未當者。暇日因易其一二，且復得二十客，併著之，以寓獨賢之意：

【三】父是穹窿窮　「窮」原無，據《夷堅志補》（涵芬樓本）卷二三補。

【四】百千萬　原作「百千年」，據《夷堅志補》改。

【五】鄭景望集　「望」，宛委山堂本作「盟」。

牡丹爲貴客。梅爲清客。蘭爲幽客。今改楚。桃爲夭客。杏爲艷客。蓮爲淨客。淨一作溪。桂爲岩客。海棠爲蜀客。躑躅爲山客。梨爲淡客。瑞香爲閨客。木芙蓉爲醉客。菊爲壽客。酴醿爲才客。臘梅爲寒客。今改久。橘爲仙客。今改尊。素馨爲韻客。丁香爲情客。葵爲忠客。含笑爲佞客。楊爲强客。玫瑰爲刺客。月桂爲癡客。木槿爲時客。今改莊。石榴爲村客。今改妖。鼓子花爲田客。曼陀羅爲惡客。孤燈爲窮客。棠梨爲鬼客。棣萼爲俗客。兄弟之義，不可稱俗，今改爲和。木筆爲書客。以上見姚氏。芍藥爲嬌客。鳳仙爲羽客。紫薇爲訶客。水仙爲雅客。杜鵑爲仙客。萱草爲歡客。橘花爲雋客。梔子爲禪客。來禽爲靚客。山礬爲幽客。楝花爲晚客。菖蒲爲隱客。枇杷爲麄客。玉繡毬爲弔客。茉莉爲狎客。月丹爲豪客。菱花爲水客。李花爲俗客。凌霄花爲勢客。迎春爲僭客。以上新添。

陰陽家以磁石引針定南，每有子午之異。按《本草演義》：「磁石磨針鋒則能指南，然嘗偏東不全南也。其法取新纊中獨縷，以豕子蠟綴于針腰，無風處垂之，則針嘗指南。以針橫貫燈心，浮水上，亦指南，然常偏丙位。蓋丙爲土火，庚辛金受，其制所致。是物類相感耳。」

淳熙間，高曇登對，上稱其不爲高談。梁相戲云：「高曇不爲高談，以何爲對？」周益公對云：「卑牧且爲卑牧。」蓋武臣卑牧見知黔州。沈丞相該爲樓貯書，時禮佛其上，人謂之「五體投地之樓」，以對秦檜「一德格天之閣」。士人又詆云：「一德嚇天之閣」，對「三公亂道之邦」。

田間書

林昉 撰

言非也，不言非也。當言而言，則其言順；不當言而言，則其言暴。不見鐘鼓乎，扣之則鳴，不扣而自鳴者，人莫不以爲異也。

或問：「舟不覆于龍門，而覆于夷壑；車不摧于太行，而摧于康逵。有諸？」曰：「有。無他，難者人所畏，易者人所忽。是以古之君子難其難，不易其易。」

慎言以養其德，持氣以養其體。事之至近，而所繫至大者，莫過于言氣。

愛子之道在于教，教子之道在于嚴。嚴，斯成也。愛而不教，猶不愛也；教而不嚴，猶不教也。區區于飲食服飾者末矣。

俗所貴，我所賤；俗所賤，我所貴。非我異于俗也，俗異于我矣。

盡民之力必傷，盡馬之力必蹶。

事神不若事心，心在斯神在。舍心而神，有不神者矣。

江海能容衆流，以其卑且虛也【一】。是故以謙處己，而後能容人。

可以理喻，而不可以利誘者，其唯君子乎！小人則知誘而已矣。

火非風不燃，風撲火則息；舟非水不行，水入舟則没；國非民不治，民怨國則亂。

校勘記

【一】自「江海」至「虛也」二句，宛委山堂本作「江海爲能大者，以其合衆流而歸虛也」。

木可雕而病于越度，金可鑄而病于躍冶。木越度、金躍冶，雖有良工巧將安施？是故君子養質以成器。

不有暴獸，無以知麟之仁；不有惡鳥，無以知鳳之瑞；不有貪人，無以知聖之德。

能以愛妻子之心愛父母，則天下無不孝；能以愛父母之心愛君，則天下無不忠。

享萬鍾之禄，食不過于一匕；處萬間之廈，臥不盈于一席。

木不能棄土而生，魚不能棄水而活，人不能棄信而言。

天以氣運，人以識運，鬼神其氣，識之交乎【二】？

天以陰陽化萬物，聖人以仁義定萬民，故知天者莫若聖人。

雜言

《墨魚戒》云：海有蟲拳然而生者，謂之墨魚。其腹有墨，游于水，則以墨蔽其身，故捕者往往迹墨而漁之。噫，彼所自蔽者，廼所以自禍也歟！人有恃智，亦足以鑒。

《會友人遊山檄》語云：「有殘縑敗素繪一山一水【三】，愛之若寶【四】，售之必千金【五】。至于目與真景會【六】，則略不加喜，毋乃貴僞而賤真耶？味樂之真，今日政在我輩。春雪既霽，春風亦和。或坐釣于鷗邊，或行歌于犢外。百年瞬息，懽樂幾何？肴核杯盤，隨意所命，毋以豐約拘也。檄書馳告，盍勇而前。」

【二】識之交乎　「交」，宛委山堂本作「變」。

【三】有殘縑敗素繪一山一水　「有」上，宛委山堂本有「人」字。

【四】愛之若寶　「若」下，宛委山堂本有「異」字，是。

【五】售之必千金　「售」，宛委山堂本作「得」。

【六】至于目與真景會　「目」，宛委山堂本作「日」。

《赴火蟲》云：林子夜對客，有物粉羽飛繞燭上，以扇驅之，既去復來，如是者七八，終于焦首爛額，猶撲撲必期以死。人莫不笑其愚也。予謂聲色利欲，何啻膏火【七】？今有蹈之而不疑，滅其身而不悔者，亦寧免爲此蟲笑哉噫！

《釣魚記》云：予嘗步自横溪，有二叟分石而釣，其甲得魚至多，且易取，乙竟日亡所獲也。乃投竿問甲曰：「食餌同，釣之水亦同，何得失之異耶？」甲曰：「吾方下釣時，但知有我，而不知有魚，目不瞬、神不變，魚忘其爲我，故易取也。子意乎魚、目乎魚，神變則魚逝矣，奚其獲？」乙如其教，連取數魚。予嘆曰：「旨哉！意成乎道也。」敢記。

《蝨賦》云：「飢叩予血，貪不知止。飽緣于衣，私若自喜。生誰使之，死亦漫耳。世之小人，舍爾焉比。」

賈見農者曰：「我識物之孅惡，審價之輕重，籌算甚熟，家資益饒，其妻妾莫不貫金玉而被組繡。爾農何爲者？終歲勤動，不能謀一飽，官督其輸，私徵其償，妻奴有不自悦之色，我竊爲爾陋。若釋爾之業而從我，則何如？」農罔以對。迺過其里人而質之，里人喟然而嘆曰：「吁！農，本也。今天下舍本趨末，雞鳴而起，孳孳于利者，皆爾之徒。孟氏子所謂『賤丈夫』者是已！古人重在稼穡，載諸《詩》、存諸《書》，農事毋式廢，而賢人名相近于耕。今古相望，爾安得賤彼農哉？」賈慚而退。子林子聞里人之言，作而言曰：「務本知賢，斯人之謂歟！」敢記。

【七】何啻膏火　「火」下，宛委山堂本有「鑠金」二字。

使然。

《論李斯》云：李斯相秦，盡取儒書燔滅之。謂斯從荀卿學，必其師學之不正，有以使然。予曰：「荀卿著書固非十二子，然使之焚坑，亦必不爲也。蓋心術之正不正存乎人，師何尤焉？昔吴起師曾子，而不臨母喪，謂曾子不孝其可乎？」

《術解》云：推命之術，古無有也，達者不道也。唐李虚中始以十母配十二子，相生相剋，術之所由生也。人有惑于富貴死生之理者，咸走問焉。吾學孔子者也，知有天命，惡知有術作術解。

《義鵲》云：大慈山之陽有拱木，上有二鵲，各巢而生子者。其一母爲鷙所搏，二子失母，其鳴啁啁。其一方哺子，若見而憐之，赴而救之，即銜置一處哺之，若其子然。噫！鵲禽屬也，非有人性也，乃能義如此，可以人而不如鳥乎！

《黄金》云：黄金生，天下爭。黄金如土天下古。

異聞記

何先　撰

周宗嗇，音匿。字本世，家安吉之烏程。蚤歲以筆力自傭，遊學傍郡。至天台，適報恩長老了清有同里之好，留憩蕭寺，時嘉熙丁酉仲夏也。嘗以是年八月六日因出城北，歸薄暮，足倦神憊，急呼童整榻而寢，恍惚間，聞有車輪聲從簷外來，周亟起迎之，見躍使者一馬而至，車乘踵而後。周方愕視，使者遽前啓周曰：「大王奉召。」周且疑且辭。使者曰：「大王久款令譽，覬覿光儀，故遣一介致卑詞，安車聘召，仄席待言，此意不越於此，先輩其可戀守株之舊，循墻之避乎？」周謙士也，不覺汗背，請從其命。于是乘車而往，使者前導，其行甚疾，路亦不惡。道旁畧無人舍，約十里許，忽覩層閣複道，朱甍翠瓦，城堞突兀，草木葱蒨，上扁額其上，曰兜離國。入門數十步，使者曰：「宮闕不遠，請先輩下車。」周曰：「某山野草萊，終日書案，鳴佩曳履，夢想所不到。上國不以謭陋，賜之聘召，深恐步武蹉跌，取戾朝儀，願使者先有以教之。」使者徐應曰：「且安心。」但見緑衢紫陌，喧塵衮衮，塗謳里詠，喜見顔色。周頗自安，私謂此必樂地，使得終老于此，不猶愈于粥魚虀豉、荒涼蕭寺之居乎？

頃刻間，已抵王闕。道左一館，扁曰延英，使者揖周入，辭曰：「道路風塵，衣冠欹側，請先輩草歇。」周與使者對揖而别，甫轉首，一丈夫金章紫綬，立館右。小吏持御狀前曰，周視之，上題「昌化大夫知延英館事皇甫準」。小吏揖客入，各叙起居，竟使欲解帶磅礴。俄報宫闕已啓，周整束冠裳，從知館而去。曉色猶暝，殘月耿耿，璇題玉闕聳峙，輪焕赫奕，目不禁視。圭冕交錯雜遝而進，遥望九陛上幃幕粲爛，座下設百官，以次左右行列，有報班齊者，王御正御，宰弼叙聖躬萬福，王亦致答，餘各拜舞。忽聞呼周姓名，有二朱衣引周獨立殿下，傳王旨曰：「寡人濫承先緒，涼德是愧，持盈守成，自古所懼，樂得賢者相與圖治。聞卿學術久富，意甚嘉之。」周曰：「臣疵賤餘生，不學無術，殿下誤聽采録，使者親御王命，勉臣此行，遂得瞻望清光，遭逢盛事。」王復曰：「寡人渴想名賢，得卿如醴泉甘露，慰望可勝，勉謂少留，共扶國事。」周叙謝，方欲措詞，而吏報班退，即有别吏持牒文授周曰：「周宗嗇可特授文籍監，承日赴堂，即預議事，仍賜第一所。」俄有從侍數十，名姬不下十餘輩，擁周入一宅，華麗奇巧，服御光生。周入居其中，即日視事，同僚各持御狀互賀。自此曉則謁王，午則入都堂與議，一國之事皆參決焉，暮則回第。荏苒約半載，官況益美。

忽一日，報相國木契子齡病，王召周而問曰：「子齡相國二十年矣，政事粗舉，倘一夕不起，何人可代？」周曰：「知臣莫若主。」君曰：「寡人得之矣。」翌日，子齡薨。俄報右丞屈曲蓋拜相國，蓋性險愎，貪污罕倫，一聞敕下，人皆側目。周聞之驚甚，即上疏諫王曰：「臣聞植治有階，浚流有源。自昔英君誼辟，不以治爲可喜，而常以亂爲憂。何則？治亂之分，自君子小人始。一君子之正，未足以杜百小人之姦；一小人之姦，深足以妨千百君子之正。君子之爲政也，明達洞白，其事可行，其言可復；小人則異是，豺軀麟角，羊質虎皮，喜則摩足以相歡，怒則反目而相噬。此堯之所以誅四凶，成王之所以流管、蔡。史臣直筆不以四凶之罰爲甚，管、蔡之遺爲過，蓋其人天怒神怨，摧折已曉，使尚佚其辜，將自速于禍矣！然其城姦穽惡，頃刻之不忘；富貴榮華，何慮其不致？譬如嘉穀，纖莠必除；譬彼長隄，寸罅必塞。所謂植治之階，浚流之源，係在乎人君；用舍之頃，一息不容間矣。殿下以神聖之資，守太平之緒首任棟梁以付穹窿之寄，傍掇蘭茝以賁熙治之期。四民均賴，百世允安。今天不憖遺大老，故相國木契子齡未就衰年，遽終奇恙。殿下更召耆俊，親試登庸，于進退間治亂由別，豈意私昵並緣，乘間竊寵，欲以一國之士付之佞人屈曲蓋之手。概如何其人也？蠱毒百端，狐媚萬狀，内藉掖庭之援，外肆溪壑之求。昔典户曹，攫金珠如瓦礫；嘗領郡寄，視版籍于弁髦。上恩隆寬，猶爲涵覆，綴班宰府，叨逾已甚。素餐公餗，顔不知羞。相鼎暫虚，顧乃歸之掌握，此概之平昔所願望而不可得者。一旦得之，將使吐胸中之陰蹤詭狀，盡肘後之庸方末技，上以誤殿下，下以誤蒼生。宗社生靈，俱有不忍言之禍矣！且相國之位，非殿下所得私，一國之相位也，任人非正，亂源立見，根本既仆，枝葉從之。勑下之日，士爲廢書，民爲罷市，殿下聞乎否乎？使其聞而不爲動心，則一國之事去。臣所以汲汲爲殿下告者，猶喜其未聞而趣爲反汗也。臣異國書生，蚤承眷遇，不恤肝腦，敢布腹心！惟殿下採擇取進止。」

書上，王拊案大怒曰：「狂生不識時宜，輒以右丞爲佞人，多見其不知量。」遣使召對。時王御紫臨閣，周入，王怒色未解，叱曰：「卿疏賤下士，何得輒議吾大臣。貰爾一死，放卿東歸。」周對曰：「吾斥退固宜，歸則何所？」王笑曰：「卿本世上人，何不思歸？」周因大悟，涕泣交下，願乞骸骨而歸。王曰：「卿雖爲狂悖，亦無甚固惡。後十八年，歲在班文，更當召卿。」顧宫媵取玉合三枚，署甲乙其上賜之，且戒之曰：「卿歸日，首開其一。脱或遇難，次第啓視。」周再拜泣謝而出，宫門有匹馬二卒迎曰：「請監丞上馬。」周曰：「我欲回賜第取衣服物。」卒曰：「奉朝旨，不許。」周頗悒怏。馬匹輒行。出城門，見向使者迎以訣曰：「不意監丞事業止此。」揖而退。遂至來塗而還，路人皆叩馬而嘆曰：「忠臣去矣，如國事何！」亦有焚香酌水，西送别者。少頃，至台城，過報恩寺門，周郎下馬，入齋房，顧己身偃卧臺上，周驚曰：「吾其死矣！」忽有呼周姓名者，欲唯諾間，則已警悟。時約五鼓，孤燈獨照東壁，小豎鼻息如雷鳴。周怳然而起，視袖間玉合儼存，因啓其一，内有墨迹如鮮，題曰：「人生無百年，世事如一夢，可往衡山中峰尋五官子問之。」周歷歷盡記，染筆亟識其顛末。及曉，訪了清言之，即往衡岳訪異人。了清堅留不可，周出所書以示之。呼童攜牽而去，迄今不知其存不。了清録其所書如此。

安吉碧蘭堂，素有奇怪。有士晁紫芝嘗與客遊眺于彼，迫暮共見水面一好女子，衣服楚楚，手捧蓮葉，足履平草而來。晁料其鬼物，急叱之。女子自若，且行且吟云：「水天日暮風無力，斷雲影裏蘆花色。折得荷花水上游，兩鬢蕭蕭玉釵直。」吟畢，由東岸而去。

四明定海縣留氏婦，病熱三日始甦。夢吏攝入冥府，見獄掾曰：「爾姓是甚留氏？」婦曰：「陳留之留。」掾顧曰：「幾錯乃事。」遂遣使回送。過一冥司，土木盛興。婦扣使者，嘆曰：「近来世道薄惡，嗜欲無度。冥司新淫獄，專以鍛鍊罪人耳。汝歸，遍相警告，切須省節，且毋通姦爲事，自取其孽，可免災傷。」婦人既寤，徧以告人。

善謔集

佚名　撰

三國時，先主在蜀嚴酒禁，凡有釀酒者皆殺。一日，簡雍侍先主登樓【一】，見一少年與婦人同行，白先主：「彼將行姦，何不執之？」先主曰：「何以知之？」曰：「彼有淫具，何故不知？」先主悟其旨，大笑，乃緩酒禁。

東晉時火犯少微【二】。是時處士戴逵自謂當之，遂有憂色，久之，隱者謝敷卒，時人譏之曰：「戴處士所謂求死不得死也。」

梁元帝一目眇，爲湘東王時，嘗登宮樓以望。其侍臣曰：「今日所謂『帝子降兮北渚』。」帝疑其戲之，答曰：「卿道『目眇眇兮愁予』耶？」

晉庾純之父嘗爲主市，賈充之先嘗爲騶儈，充置酒而純末至，充曰：「君行常在人先，今何忽後？」純曰：「會有少市井事未了，是以後事。」

晉劉伶好酒，人或喻以釀具先朽，明酒非保生之具。答曰：「君不見肉得酒而更久耶？」

元和中，大官有婚於中表者，已涉溱洧之嫌。及夜深，女家索詩，儐者張仲素朗吟曰：「舜耕餘草木，禹鑿舊山川。」坐有李程者【三】，應聲答曰：「舜禹之事吾知之矣。」久

校勘記

【一】簡雍侍先主登樓　「簡雍」原作「顧雍」，據宛委山堂本改。案：顧雍，孫吳人。

【二】東晉時火犯少微　「火」原作「月」，據宛委山堂本改。

【三】坐有李程者　「李」，宛委山堂本作「季」。

之方悟，大笑。
　　南唐魏明好吟詩，動即數百言，而氣格卑下。嘗袖以謁韓熙載，熙載佯辭以目暗，且置几上，明曰：「然則某自誦之，可乎？」曰：「適耳忽聵。」明慙而去。
　　南唐馮謐嘗對諸閣老言及玄宗賜賀知章鏡湖事，因曰：「他日賜後湖足矣。」鉉答曰：「主上尊賢下士，豈愛一湖？所乏者，賀知章爾。」謐大慚。

校勘記

嘉蓮燕語

佚名　撰

北周明帝爲岐周刺史，公堂上時有圓雲若蓋，五色相間，經時而滅。州人以爲其下有寶器，韋敬遠獨曰：「此天子氣也。」及閔帝廢，迎立之，帝知敬遠非常人，側席禮聘，卒不能屈。

神降伍氏，有雌鷄司晨者，問之，答曰：「牝鷄不鳴，鳴則神生其家。」果大利。

弄玉嫁蕭史，生子五人：與昭、靡回、職禦、子余、華秉也。

吴俗遷居，預作飯米，下置猪臟共煮之。及進宅，使婢以箸掘之，名曰掘藏；闔門上下俱與酒飯及臟，謂之散藏。歡會竟日後，人復命婢臨掘，向竈祝曰：「自入是宅，大小維康，掘藏致富，福禄無疆。」掘藏先祭竈神，然後食。

申豫作詩文，恒繞室而走，得一佳句，便拍案大呼，人謂其足下有文章。

江南婚娶，新婦初至，合卺後即用牛蹄筋作羹，以豕肉切作骰子大，和作飯送新婦食，謂之「金羹玉食」，筋誦金，肉誦玉也。吴音肉、玉俱作濃字，入聲。

李杲字明之。其祖貧時夜坐讀書，有一女子從室西地中出，與杲祖坐談，甚美。少頃，漸以身親杲祖，杲祖屹然不動。將告去，杲祖問曰：「汝是何神何鬼耶？」女子取筆書于几上曰：「許身愧比雙南。」遂復入地中。已而閱子美詩，始悟其爲金也。掘之得金一笥，笥上壓一石，石面刻云：「金一笥，畀李氏孫，以醫名後世。」後杲果從張元素學醫術，盡得其業，號東垣先生。

校勘記

内觀日疏

佚　名　撰

六月念四日爲觀蓮節，晁采與其夫各以蓮子饋遺爲歡。瑶卿月夜過此橋，翛然朗吟，其聲清亮，字字動人，居民但記其兩句云：「遥隔美人家，數竿修竹處。」自此橋名竹隔。

晁采性愛看雲，其尤愛者赤黑色也，故其室名曰雲窺室，其館名曰期雲館。

謝幼貞嗜菌，庭中忽生一菌，狀若飛鳥。沈子玉曰：「此謂禽芝，以處女中單覆之則活，煮而食之，可數百歲。」謝入取中單，有鄰女乞火跨之，翩然飛去，謝但嘆恨而已。

姚姥住長離橋。十一月夜半，太寒，夢觀星墜于地，化爲水仙花一叢，甚香美，摘食之。覺而産一女，長而令淑有文，因以名焉。觀星即女史，在天柱下，故迄今水仙名女史花，又名姚女兒。

六月廿有四日，謝文君獨處無侶，命沈君攸製採蓮之曲，以解其悲愁之思，援筆便成曰：「平川映晚霞，蓮舟泛浪華。衣香隨岸遠，荷影向流斜。度手牽長柄，轉檝避疏花。還船不畏滿，歸路詎嫌賒？」謝贊嘆久之。

晁采閣中蘭花始發，其姑命目之，應聲目曰：「隱于谷裏，顯于澧潯。貴比于白玉，重匹于黃金。既入燕姬之夢，還鳴宋玉之琴。」其惠敏如此。

晁采畜一白鶴，名素素。一日雨中，忽憶其夫，試謂鶴曰：「昔王母青鸞、紹蘭、燕子皆能寄書達遠，汝獨不能乎？」鶴延頸向采，若受命狀。采即援筆直書二絕繫于其足，竟致其夫，尋即歸矣。詩曰：「窗前細雨日啾啾，妾在閨中獨自愁。何事玉郎久離別，忘憂總對豈忘憂。」又曰：「春風送雨過窗東，忽憶良人在客中。安得妾身今似雨，也隨風去與郎同！」

校勘記

趨朝事類

佚　名　撰

官品令

五階綾紙

諸州助教。諸州文學。通仕郎。登仕郎。將仕郎。

選人七階

迪功郎。修職郎。從政郎。從仕郎。文林郎。儒林郎。承直郎。

京官五階

承務郎。承奉郎。承事郎。宣議郎。宣教郎。

陞朝官二十四階

通直郎。奉議郎。承議郎。朝奉郎。朝散郎。朝請郎。朝奉大夫。朝散大夫。朝請大夫。奉直大夫。朝議大夫。中散大夫。中奉大夫。中大夫。太中大夫。通議大夫。通奉大夫。正議大夫。宣奉大夫。正奉大夫。光禄大夫。銀青光禄大夫。金紫光禄大夫。特進。

武弁出身【一】

進義校尉。進武校尉。

小使臣八階

承信郎。承節郎。保義郎。承忠郎【二】。忠翊郎。忠訓郎。秉義郎。從義郎。

大使臣二階

修武郎。訓武郎。

副使八階是郎　正使八階是大夫

武翼郎、大夫。武義。武經。武略。武節。武顯。武德。武功。

横行副使十二階是郎　正使十二階是大夫

右武郎、大夫。拱衛。親衛。翊衛。中衛。中亮。左武。中侍。協忠。履正。宣正。正侍【三】。

衛官

左右五衛上將軍。比節度使。大將軍。比武翼大夫。左右衛、驍衛、武衛、屯衛、領軍衛、監門衛、千牛衛上將軍，諸衛大將軍、將軍【四】。

勳一十二轉

上柱國。柱國。上護軍。護軍。上輕車都尉。輕車都尉。上騎都尉。騎都尉。驍

【一】武弁出身　本則原並在上則中，因據宛委山堂本析爲二則。

【二】承忠郎　「承」，宛委山堂本及張宗祥校勘記作「成」。

【三】正侍　原訛入下則標題，據宛委山堂本移入正文。

【四】將軍　二字原闕，據宛委山堂本補。

騎尉。飛騎尉。雲騎尉。武騎尉。

以上騎尉以上，兩府及武臣以上，經恩加兩重，文武朝官加一重。武騎尉以上，京官加一重。朝官雖未至驍騎尉，經恩一便加騎都尉。

爵一十二等【五】

王。嗣王。郡王。國公。郡公。開國公。開國郡公。開國縣公。開國侯。開國伯。開國子。開國男。

以上封爵，王子兄弟封國，親王之子承嫡爲嗣王【六】。宗室近親及特旨者郡王。見前任宰執食邑實封共萬户，及承襲並封郡公，其開國家隨食邑。

食邑無定法

一萬户。八千户。七千户。六千户。五千户。四千户。三千户。二千户。一千户。七百户。五百户【七】。四百户。三百户。二百户。一百户【八】。

以上經恩【九】，宰執以上加千户，實封四百户。餘降麻官七百户，實封三百户。文臣侍郎、武臣觀察使，五百户，實封二百户。文臣少卿、監，武臣諸司副使宗室副率以上，三百户，實一百户【一〇】。雖有加例，緣無定法。以實封一户，日計錢二十五文足。二千户封公，一千户封侯，七百户封伯，五百户封子，三百户封男。

【五】爵一十二等　「等」原作「字」，據宛委山堂本改。

【六】親王之子承嫡爲嗣王　「親」原作「案」，據宛委山堂本改。

【七】五百户　原訛在「三百户」下，據宛委山堂本及張宗祥校勘記乙正。

【八】一百户　原闕，據宛委山堂本補。

【九】以上經恩　「經」原作「輕」，據宛委山堂本及張宗祥校勘記改。

【一〇】實一百户　原闕，據宛委山堂本及張宗祥校勘記補。

內命婦品

一等

貴妃。淑妃。德妃。賢妃。貴儀。淑儀。淑容。順容。婉儀。婉容。昭儀。昭容。昭媛。修容。修媛。修儀。充媛。婕妤。美人。才人。

侍郎郡太夫人。郡夫人。十字國夫人。八字國夫人。六字國夫人。兩國四字夫人。四字國夫人。兩國兩字夫人。兩字國夫人。國夫人。

二等

尚字。尚正。尚宮。尚儀。尚食。尚服。尚寢。司字。司衣。司賓。司室。司設【一一】。司闈。典衣。典賓。典字。典室。典飾。典製。典團。典籍。典醞【一二】。典珍。典樂。掌字。掌衣。掌記。掌綵【一三】。掌樂。掌闈。掌籍。掌醞。紅霞帔。知尚書內省事。仙韶使。仙韶副使【一四】。小殿直都知。小殿直押班。

三等

紫霞帔。尚書省都事。大侍御。小殿直。　第一等長行。仙韶都頭。

四等

聽宣。尚書省內事。録事。中殿直。　等一等長行。仙韶色長行。

【一一】司設　宛委山堂本作「司殿」，張宗祥校勘記下有「司寶」。

【一二】典醞　原作「典醋」，據宛委山堂本及張宗祥校勘記改。

【一三】掌綵　「綵」原作「録」，據宛委山堂本及張宗祥校勘記改。

【一四】仙韶使仙韶副使　原闕，據宛委山堂本及張宗祥校勘記補。

五等

殿直。散直。散手。書省。小侍御。皇后閤祗候。小殿直。　第三等長行。　著緋著。緑女童。

內命婦封贈

貴妃。淑妃。德妃。賢妃。

正一品封贈三代。十字。八字。六字。

貴儀。貴容。淑儀。淑容。順儀。順容。婉儀。婉容。

從一品封贈三代【一五】。六字。兩國。四字。

昭儀。昭容。昭媛。修儀。修容。修媛【一六】。充儀。充容。充媛【一七】。

正二品封贈三代。四字。兩字。兩國。

婕妤。

正三品封贈三代。四字。兩國。

美人。

正四品封贈一代。國。

才人。

正五品封贈一代。郡。

【一五】從一品封贈三代　「贈」原闕，據宛委山堂本及張宗祥校勘記補。下同。

【一六】修媛　宛委山堂本作「修婉」。

【一七】充媛　宛委山堂本作「充婉」。

尚字正六品。司字正七品。典字正八品。掌字正九品。紅霞帔。紫霞帔。聽宣。聽直。書直。以上不係入品。

外命婦品

使相以上封國夫人。執政節度使以上封郡夫人。尚書以上封淑人。侍郎以上封碩人。太中大夫以下封令人【一八】。中散大夫以下封恭人。朝奉大夫以下封宜人。朝奉郎以下封安人。通直郎以下封孺人。

封贈綾羅紙價錢

三公、三少、開府。七貫五百。東宮三師三少【一九】、特進光禄大夫左右金吾衛上將軍至觀察使【二〇】。六貫【二一】。宣奉至通奉、諸衛上將軍。三貫五百。通議至中散、諸衛大將軍。三貫六百【二二】。朝議至朝奉大夫。二貫五百【二三】。朝議至承議郎、諸率府。一貫八百。奉議、通直諸率府副率【二四】。一貫五百。宣教郎以下。一貫。母。七貫三百五十。妻。六貫四百五十。朝奉大夫、遥郡刺史已上妻。七貫二百五十。后妃、才人以上同。

宰相、執政官，曾仕同。若寶章閣直學士以上【二五】，及駙馬都尉、管軍臣僚、入内内侍，省至押班，并將校、化外蕃蠻官，免納，雖已致仕，准見任官例。

【一八】太中大夫以下封令人　「令」原作「合」，據宛委山堂本及張宗祥校勘記改。

【一九】東宮三師三少　「三師」原作「二郎」，據宛委山堂本及張宗祥校勘記改。

【二〇】金吾衛上將軍至觀察使　「至」原作「主」，據宛委山堂本及張宗祥校勘記改。

【二一】六貫　張宗祥校勘記下有「五百」二字。

【二二】三貫六百　張宗祥校勘記作「二貫五百」。

【二三】二貫五百　「五」，宛委山堂本作「三」。

【二四】朝議至承議郎……奉議通直諸率府副率　「諸率府」至「諸率府副率」正文及小注原闕，據宛委山堂本及張宗祥校勘記補。

【二五】若寶章閣直學士以上　「寶」原作「金」，據《四庫全書》本改。

封贈郡號

鉅鹿。樂安。壽春。仙遊。萬年。萬載。許昌。延安。遂寧。奉天。靈寶。天長。天興。保寧。興國。永安。乾祐。昌國。寧國。郡縣不在封贈之例。

典禮須知

行在

諸稱行在者，謂天子駐蹕之所在也。古不聞之，自秦、漢方有此稱。本縣百司初稱隨駕某司【二六】，自真廟後皆稱行在。惟三省、學士院、臺諫、内侍省之類，不云行在，蓋天子之司及常侍之謂也。

三省

諸稱三省者，謂門下、中書、尚書省。中書擬定，門下進畫，尚書奉行。紹興十五年，中書、門下併而爲一，謂之制敕院。

省劄

凡尚書省施行事，以由奉山所造紙【二七】，每張三文【二八】，與免户役。「准此」字令寫大「準」，此因寇丞相名「準」，至今寫大準，省小「准」字。

【二六】本縣百司初稱隨駕某司　「某」原作「其」，據宛委山堂本及張宗祥校勘記改。

【二七】以由奉山所造紙　「奉」，宛委山堂本及張宗祥校勘記作「奉」。

【二八】每張三文　「三」原闕，據宛委山堂本及張宗祥校勘記補。

駕頭

駕頭者，祖宗即位時所坐也【二九】。《皇朝類苑》謂之正衙法座，香木爲之，金飾【三〇】，四足墮其角，其前小偃，織藤冒之。駕頭至則宣贊喝引，迎駕者起居也。又沈存中《筆談》，謂是中貴官捧月樣杌子於馬上，今係閤門宣贊舍人。

狨毛座

諸職事官、諫議大夫、寄禄官、太中大夫以上，及學士、待制，或恩賜者許乘。節度使、曾任執政官者，准此。

【二九】祖宗即位時所坐也　「坐」原作「生」，據張宗祥校勘記改。

【三〇】香木爲之金飾　「飾」原闕，據宛委山堂本及張宗祥校勘記補。

三餘帖

佚名　撰

《説文》謂：「萬物之精，上爲列星。」當曰：「列星之精，下爲萬物。」

黄阮丘令朱璜命山下人曰：「六甲乃上帝造物之日，是日殺生，上帝所惡。」六甲者，甲子、甲戌、甲申、甲午、甲辰、甲寅日也。

嫦娥奔月之後，羿晝夜思惟成疾。正月十四夜，忽有童子詣宫求見，曰：「臣，夫人之使也，夫人知君懷思，無從得降。明日乃月圓之候，君宜用米粉作丸，團團如月，置室西北方，呼夫人之名三夕，可降耳。」如期果降，復爲夫婦如初。今言月中有嫦娥，大謬，蓋月中自有主者，乃結璘，非嫦娥也。

半陽泉，世傳織女送董子經此，董子思飲，揚北水與之，曰：「寒。」織女因祝水令暖，又曰：「熱。」乃拔六英寶釵，祝而畫之，于是半寒半熱，相和與飲。

姑蘇城中街衢潔淨，爲天下第一。古語云：「蘇城街，雨後着繡鞋。」

梁時同泰寺院前有醜石四，高丈餘，形如羅刹。試抱嬰兒看之，無不掩袖而啼。每小兒夜啼，則畏之曰：「汝啼，我抱汝看醜石。」啼遂止。

草鞋橋者，豫章胡文早喪，其婦年少守節，甚苦，身自織布以給食，頭面恒不梳洗，足着草鞋，鄰里從其夫姓呼爲胡草鞋。每令人持布至橋，橋上人爭買之曰：「此胡草鞋夫人布，不二價者也。」因以名橋。

簫一名石弦，一名紫珮。

陳宣華有沉香履箱、金屈膝。

大禹有黄龍負舟，得寶玉于龍背，龍即馴然而逝，故謂之龍負玉。註曰：「即龍輔也。」

無餘胡王有洛成，天大旱浸于水，即雨下。

蓮花一名玉環。

和氣旁薄，陰陽得理，則配玄榮于堂。配玄即今水仙花也，一名儷蘭，一曰女星，散爲配玄。

潁考叔聞莊公置其母于城潁也，嘆曰：「是黄要也。」疇謂烏也禽？禽猶能哺其母。」

唐太宗養一白鶻，號曰將軍，取鳥長驅至殿前，然後擊殺，故名落鴈殿。

校勘記

玄池説林

佚　名　撰

立夏日俗尚啖李。時人語曰：「立夏得食李，能令顔色美。」故是日婦女作李會，取李汁和酒飲之，謂之駐色酒。一曰：是日啖李，令不疰夏。

金陵極多蠏。古傳有巨蠏背圓五尺，足長倍之，深夜每出嚙人。其地有貞女，三十不嫁，夜遇盜逃出，遇巨蠏横道，忽化作美男子誘之。貞女怒曰：「汝何等精怪，乃敢辱我！我死，當化毒霧以殺汝。」遂自觸石而死。明日大霧中，人見巨蠏死于道，于是行人無復慮矣。至今大霧中蠏多僵者。

祖瑩少好學，不遇。偶行野外，遇一人授一封函，戒之曰：「至家啟視。」歸視之，乃墨也，上有字云：「祖元珍，何不懌？興于學，終于伯。」尋爲太學博士，異之，因函此墨供于堂上，夙興必整衣冠拜之，故相傳太學博士所居爲墨堂。天平初，進爵爲伯。

狐之相媚也，必先吕；以口相接。猿之相蝨也，蝨，羣也。必先啼：物之情也。

少昊出，野遇一獸，牛首而人身。驚歸，告皇蛾，蛾曰：「昔余聞之帝子，牛首人身，其名師親，見之者百福胥臻，天將福汝，汝何妄驚乎？」帝乃釋然。

周弘直子思，方幼時，于林下見一鸛爲彈所傷，取歸養之，俟其愈，縱去。後數日，夜讀書，聞有物擊其扉，啟視之，乃向縱之鸛也，背負一金串，卸于地，串上結紙條，上書云：「始于博士，終于大夫。」後果然。故呼鸛爲負金。

《全宋筆記》書名、作者索引

趙龍　編

說　明

凡《全宋筆記》第一至十編所收宋人筆記書名和作者爲本索引之主詞條。

本索引分書名拼音索引、書名筆畫索引，作者拼音索引、作者筆畫索引。

書名、作者依首字的現代漢語拼音音序及筆畫顺序排列，標明該筆記或作者收入《全宋筆記》所在的編、冊。例如：

「丁晉公談録　1／4」表示該筆記在《全宋筆記》第一編第四冊。

「晁說之　1／10」表示該作者在《全宋筆記》第一編第十冊。

同書異名者，以楷體字显示，僅列參見主詞條，不再列出編、冊，如「醴泉雜志　見江鄰幾雜志」。

書名索引

拼音

書名索引

筆畫

五畫

九畫

十畫

十二畫

十三畫

十四畫

十七畫

十八畫

十九畫

作者索引

拼音

作者索引

筆畫

八畫

二十一畫

二十二畫

編後記

《全宋筆記》全十編，共計一百零二册，已全部出齊。關於本總集的編纂體例，在第一册「編纂説明」中已有交代，這裡再作些補充。

本總集所收以宋人著述的筆記專集爲限，這與《全宋文》不收宋人文集外單行之宋人專著的做法錯開，避免了重複整理。

整部宋人筆記已亡佚，但有逸文散見於其他文獻，我們曾計劃從中輯佚後加以整理，然因工作量太大，最終放棄了。《紺珠集》、《類説》、《説郛》中節録了大量宋人筆記，卷帙已非原貌，我們依節本收録。其有散見于他書的逸文，我們此次也未作輯佚，僅對《楊文公談苑》、《倦遊雜録》、《秀水閒居録》等少數幾部筆記做了嘗試性的輯佚整理。

傳世的宋人文集中，不乏筆記體作品，對此，我們的原則是，這些筆記歷史上未曾刊行過單行本的，則不收；如刊行過的，雖然没有傳下來，但在作者的文集中可以找到，則收之。如周必大《泛舟遊山録》，今不見單行本傳世，《文忠集》卻有完整收載，我們即以《文忠集》爲底本加以整理。

中國古代目録分類中並没有筆記一説，目録學家通常把隨筆而記的作品歸入小説家、雜家或雜説類，沒有統一的劃分標準。我們這次整理收録了一些帶有記實性内容的志怪小説。例如《夷堅志》，藴含着豐富的宋代社會信息，涵蓋社會各個方面，是宋代社會史研究的資料淵藪，爲治史者所重視。其所敘鬼神，體近傳奇，雖以鬼神因果報應故事爲多，然也不乏名物典章、社會風俗之真實記載。如《夷堅丁志》卷十七《瑠璃瓶》就記載了宋徽宗時期民間錫匠運用水銀特性，巧鑲金箔於瑠璃瓶内膽的手工技藝。《夷堅丁志》卷十《張臺卿詞》、《夷堅支景》卷八《陽春縣》敘事皆關當時典制，故我們收録了此書。此外，我們也收載了一些宋人通史性的讀書筆記，如《習學記言》、《西山讀書記》、《黄氏日抄》。至於專一的讀書研究型作品，我們將其歸屬於專書性著作，沒有收録。

宋代筆記經千百年來的輾轉傳刻，版本混雜，真僞不一，有同書異名者，如江休復《江鄰幾雜志》又名《嘉祐雜志》，李邦獻《省心雜言》又名《省心録》；亦有同名異書，如曾敏行的《獨醒雜志》與吴宏的《獨醒雜志》。有不少筆記係全抄同一作者他書而成者，如張邦基《汴都平康記》，摘自《墨莊漫録》；趙彦衛《東巡記》、《御塞行程》，摘自《雲麓漫鈔》；吴曾《辨誤録》，摘自《能改齋漫録》；洪邁《對雨編》摘自《容齋隨筆》；程大昌《程氏則古》，摘自《考古編》；周必大《廬山録》、《九華山録》，摘自《泛舟遊山録》；《西湖遊幸記》摘自《武林舊事》。有些筆記先已成書，後爲他人所撰之書收録者，如《乙巳泗州録》、《己酉避亂録》，全文收録於《玉照新志》。亦有筆記全抄他人筆記者：託名陶穀撰《蕉窗雜記》，係截取《清異録》而成； 託名楊萬里撰《誠齋揮麈録》，抄自《揮麈録》。亦有不少係僞書，如丘昶《賓朋宴語》、章望之《延漏録》、滕康《翰墨叢記》、徐慥《漫笑録》等，據李裕民先生考訂，皆僞作。此類筆記，均不在收録之列。

有些筆記或因作者生平不詳，或因佚名，内容雖記宋代之事，然很難考訂是否爲宋人作品。如《東南紀聞》、《五色綫》、《真率記事》、《碧湖雜記》、《燈下閒談》等，我們姑且收録，至於是否有誤，還請讀者給予指正。

本總集原計劃編纂至第八編第六册便告結束，後根據學者的意見，我們對筆記作了进一步的補充收録。從第八編第七册起至總集末，是後來作的補録，從而出現筆記排序上的前後差異，這是需要説明的。

《全宋筆記》的編纂整理工作自一九九九年籌劃啟動，至今已歷十九年。十九年來，我們的工作得到了上海師範大學各級部門的關懷和支持，得到了國内外學術界的熱情支持和幫助，王水照、徐規、朱瑞熙、李裕民、陳尚君等先生以各種方式給予了指導，特别是傅璇琮先生，以其豐富的編輯出版經驗，對整理工作給予了悉心指教，傾注了滿腔心血。有些當年曾給予指導、參與籌劃和整理的先生已永遠離開了我們，這些先生爲本總集所作的貢獻是不能忘記的。

二〇一〇年，本總集獲得國家哲學社會科學規劃辦公室重大項目立項資助，從而有力地推動了工作進度。古籍所全體同仁十九年來不棄不離，通力合作，付出了辛勤勞動。朱易安教授在任所長期間，爲推進落實總集的編纂整理規劃，做了大量開創性的工作。劉宇博士參與了宋人筆記的版本調研、核查、複印等事務，任勞任怨。特邀編輯陳新先生，十九年來不辭辛勞，爲提高本總集整理質量，作出了重要貢獻。安慶師範大學周建國教授對整理工作提出過不少寶貴的審稿意見。大象出版社周常林等歷任社領導對《全宋筆記》的出版工作給予了鼎力支持。責任編輯郭一凡女士，自始至終，兢兢業業工作。爲本總集的整理和出版作出過貢獻的人還有很多，在此一併致以誠摯的謝意！

學界前輩有言：「宋人筆記很難標點，内容複雜，比正史還難整理。」證諸實踐，此説洵然。我們雖然盡了最大努力，編纂整理工作免不了會出現錯誤，收録的筆記會有遺漏。《全宋筆記》在各編出版後，曾得到學術界朋友的指正。我們真誠希望能繼續得到讀者的指正，以便今後作修改。

戴建國

二〇一八年三月三十日